Cómo hablar en público sin temor

Consejos práctios para sentirse
confiado frente al público

Dianna Booher

La misión de Editorial Vida es ser la compañía líder en satisfacer las necesidades de las personas con recursos cuyo contenido glorifique al Señor Jesucristo y promueva principios bíblicos.

CÓMO HABLAR EN PÚBLICO SIN TEMOR
Edición en español publicada por
Editorial Vida – 1994
Miami, Florida

©**1994 por Editorial Vida**

Originally published in the USA under the title:
The Confident Communicator
©*1990 por SP Publications, Inc.*
Published by Victor Books

Traducción*: Hugo Zelaya*
Diseño de cubierta*: Sara Wenger*

ISBN: 978-0-8297-1844-7

CATEGORÍA: Vida cristiana / Crecimiento profesional

IMPRESO EN ESTADOS UNIDOS DE AMÉRICA
PRINTED IN THE UNITED STATES OF AMERICA

13 14 15 16 ❖ 16 15 14 13 12

Índice

Reconocimientos

Gracias a todo el personal de la oficina por su esfuerzo excepcional. Ellos velan con diligencia para que mis conferencias y discursos salgan como se planificaron para nuestros lectores. Chris O'Shea una vez más hizo un esfuerzo diligente en la preparación del manuscrito.

Prefacio

La mayoría silenciosa ha guardado demasiado silencio por demasiado tiempo. Los cristianos necesitan ser más visibles en el campo de la política, en nuestro sistema escolar y en el mundo de los negocios. *Cómo hablar en público sin temor* ofrece el conocimiento necesario para hablar y ser oído. La comunicación, escrita y oral, es la vía principal para ejercer una buena influencia en nuestro mundo.

Dianna Booher

Introducción

¿Cómo se siente usted cuando alguien le dice lo bien que resultaron las cosas después que siguió su consejo para resolver una situación?

¿Le gusta decirles a los demás lo que piensa acerca de un tema en particular?

¿Es usted sensible a las reacciones de otras personas por lo que dicen?

¿Habla haciendo ademanes?

¿Mira a las personas a los ojos cuando les habla?

¿Se percata de estar animado en conversaciones y moviéndose de un lado a otro con energía que parece salir de usted inconscientemente?

¿Le gusta decirles a los demás lo que ha aprendido para que se beneficien también?

¿Visualiza usted lo que piensa?

¿Puede tomar una idea complicada o una compleja pieza de un equipo y explicársela a otro con suficiente sencillez?

¿Desea ayudar a otras personas a entender las cosas con tanta claridad como usted las entiende?

¿Puede mantener la calma bajo presión?

¿Tiende a "subirse en la tribuna" cuando habla de una buena causa?

¿Hay algo de animador en usted?

¿Después de las reuniones espera que alguien le resuma lo que se dijo? ¿O lo hace usted mismo?

¿Ha pensado alguna vez en ser actor o cantante?

¿Tiene deseos de hablarles de su fe personal a amigos y familiares?

Si respondió afirmativamente a siquiera la mitad de las preguntas, es probable que usted logre ser un buen orador. O tiene mucho del talento natural requerido o por lo menos tiene la motivación necesaria para aprender a comunicarse eficazmente con una persona o con un grupo.

☞ **1. ¿De qué provecho es para usted?**

Hablar bien:

• Le ayuda a dar a conocer su fe e influir en los demás.
• Clarifica sus ideas tanto para usted como para otros.
• Fortalece las relaciones.
• Establece su reputación como persona inteligente.
• Realza sus talentos de líder.
• Le concede respeto, visibilidad y reconocimiento de sus ideas y valores.
• Promueve su carrera y le concede recompensas económicas.
• Promueve su compañía y sus productos o servicios.

Nuestra capacidad de alcanzar el éxito en todas las relaciones depende — más de lo que imaginamos — de nuestro talento para comunicar las ideas, ya sea que se hable en el salón de conferencias, en la cafetería o en la almohada. En realidad, la falta de preparación y una instrucción deficiente resaltan primero en nuestra capacidad de comunicación, tanto oral como escrita. Por lo tanto, aprender a mejorar nuestra capacidad de expresión personal produce beneficios dondequiera que vayamos.

Consideremos en primer lugar el mundo de los negocios. Todos sabemos que quienes tienen éxito no son necesariamente las personas más inteligentes o capaces. Con frecuencia quienes triunfan son los que impresionan favorablemente a las personas que pueden promoverlos en sus empleos o comprarles lo que venden. A los profesionales en los negocios que hablan bien se les considera más inteligentes, más fuertes y más simpáticos que sus colegas más callados.

Un estudio muestra que el ochenta y ocho por ciento del éxito en el trabajo se debe a nuestras actitudes y capacidades de comunicación y sólo el doce por ciento a nuestra experiencia técnica. Ya no es la oratoria un bonito talento que pueda tenerse en el mundo de los negocios, sino que debe tenerse. Y cuánto más alto se asciende en la compañía, tanto más crucial es el talento.

Uno de los problemas clave que tuvo *Exxon* cuando trató con el derrame de petróleo en 1989 en Alaska fue que el jefe ejecutivo no hizo de inmediato una declaración pública ni fue allá para hablar en privado con los individuos que querían respuestas o por lo menos disculpas. El arte de hablar en público se ha convertido en la norma para los altos ejecutivos.

Incluso aunque usted no sea un alto ejecutivo que tenga que explicar una crisis, se encontrará con frecuencia hablando ante sus colegas, ya sea en su organización profesional o en apoyo de causas personales. Muchos nos ganamos el pan hablando todos los días; es decir, hablamos a parroquianos y clientes para vender productos o servicios. Nuestro éxito para hablar está directamente relacionado con nuestro cheque de comisión.

Fuera del mundo de los negocios, seguimos encontrando oportunidades para poner a trabajar nuestras capacidades en beneficio de los demás: recaudación de fondos para un club, asuntos políticos, despedidas de amigos que dejan la comunidad y clases de estudios bíblicos.

Cuando explicamos las verdades de Dios, hablar bien no es una elección; es un mandamiento: "Estad siempre preparados para presentar defensa con mansedumbre y reverencia ante todo el que os demande razón de la esperanza que hay en vosotros" (1 Pedro 3:15).

2. ¿Por qué un libro sobre el tema?

Imagine el último discurso terrible que usted oyó. El que habla adopta una postura fláccida frente al grupo, asomándose con la mirada asustada y confundida de un hombre que acaba de ser despertado de una pesadilla. Maneja con torpeza sus notas, el micrófono y el equipo de audiovisuales. Las diapositivas le resultan extrañas. Sus comentarios improvisados son confusos. Cuando al fin entra en el tema, mantiene los ojos clavados en las notas mientras el público observa sus relojes como si fueran científicos de la NASA en una cuenta regresiva.

En definitiva, no es un modelo digno de imitarse. Pero entonces considere los oradores que oímos por televisión. Políticos que divagan, culpables del doble sentido. Deportistas, entrevistados en los vestuarios después de una gran victoria, pronunciando una frase hecha tras otra. El presidente del club social que nunca en su vida ha celebrado una reunión de negocios. Ninguno parece tener propósito, organización lógica ni apoyo concreto para sus opiniones. En vez de eso, divagan en un tono monótono sin saber cuándo dejar de hablar. Los modelos deficientes nos rodean por todas partes. Necesitamos ayuda.

No obstante, los que queremos hacerlo mejor con frecuencia recibimos muy poco adiestramiento para hablar con eficacia porque nuestros jefes suponen que recibimos las "bases" en el sistema educativo; quizá cuando presentamos reseñas de libros en la clase. Los dirigentes de la iglesia a menudo suponen lo mismo cuando nos piden que celebremos una reunión, enseñemos una clase de la Escuela Dominical o presentemos una recomendación a los diáconos.

A pesar de las suposiciones, la mayoría sabemos que no es así. Sabemos que hablar bien no es un talento natural; por lo menos no en todas sus fases.

Si los presidentes y aspirantes a la presidencia del país, después de toda su práctica de hablar en público en ruta a ser nominados, necesitan maestros de oratoria, entonces dos cosas son evidentes: (1) La oratoria no es un talento natural. (2) Hablar bien es importante y eficaz para nuestra causa.

¿Estamos entonces ávidos por ganar esa práctica y experiencia? Rara vez.

☞ 3. ¿Por qué es tan atemorizante hablar en público?

Dos estudios nacionales por la firma investigadora de R. H. Brushkin Asociados menciona el hablar en público como el temor número uno para el cuarenta y uno por ciento de la población, antes que el miedo a las serpientes, a la altura, a los problemas económicos, a la soledad o a la muerte. En otras palabras, ¡muchos de nosotros pudiéramos estar listos para morir y enfrentar la eternidad, pero no estar preparados de la misma manera para hablar en público!

Nos hace falta confianza. Nos preocupamos por expresarnos con sinceridad en vez de arrogancia. Nos preocupamos de que el público nos considere creíbles. Nos sentimos frustrados porque no nos estamos dando a entender y no tenemos nuestras ideas e información lo bastante organizadas. Tememos que algunas cosas que digamos pudieran ofender a los demás. Tememos ponernos en ridículo con ideas insensatas, una forma de expresión débil y torpe de esas ideas, y un caso notable de alergia. Sobre todo, tememos que otros sepan lo atemorizados que estamos.

Si no tenemos cuidado, caeremos en la trampa de imitar lo que vemos y oímos de nuestros semejantes igualmente carentes de talento; resultando en no mayor éxito o influencia que los que tienen ellos.

Básicamente hay cuatro etapas para cultivar un talento:

Ignorancia: No sabe que no sabe.

Conciencia: Sabe que no sabe.

Atención: Se esfuerza por saber.

Dominio: Sabe, y sabe que sabe.

Este libro llevará a los lectores por esa etapa final. En su lectura, usted encontrará primero lo que hace eficiente a un orador. Después aprenderá a imitar su éxito y a tener el mismo efecto. Por último, con la práctica, usted ganará tanta experiencia que dominará las técnicas y ya no tendrá que prestar atención a los mecanismos para hablar y en vez de eso podrá concentrarse en su mensaje.

☞ **4. ¿Hay realmente una forma buena y otra mala?**

Si bien abundan los artículos y libros publicados sobre el arte de hablar bien, encontrará que es difícil separar el grano de la paja. Los consejos contradictorios están por todas partes. Al leer información publicada previamente, me encontré con las siguientes contradicciones de expertos oradores:

- El contenido es más importante que la manera de expresarse. Versus: La manera de expresarse es más importante que el contenido.
- La oratoria es una manera de actuar. Versus: La oratoria es sólo hablar en voz alta ante un público.
- Usted le cae bien al público, y éste quiere que salga bien. Versus: Hay que ganarse al público.
- Prepárese y practique siempre con un manuscrito completo. Versus: Nunca escriba un manuscrito completo.
- La transparencia proyectada es el mejor medio visual. Ver-

sus: La transparencia proyectada es el peor de todos los medios visuales.

- Los gráficos están pasados de moda como ayuda visual. Versus: Los gráficos son eficaces, convenientes y fáciles de personalizar.
- Escriba en el medio visual mientras habla. Versus: Hable y después escriba.
- Use fondos de color en sus transparencias para variar. Versus: Nunca use fondos de color porque son menos legibles que los fondos claros.
- Ponga sus notas en tarjetas. Versus: Ponga sus notas en una sola hoja de papel para ver todas sus ideas con una mirada.
- Anúnciele al público cuando está a punto de concluir. Versus: Nunca anuncie al público cuando está a punto de concluir.
- Vístase formalmente para mostrar respeto a su público. Versus: Vístase de manera informal para mostrar familiaridad.
- Repita las preguntas del público antes de responderlas. Versus: No repita las preguntas del público.
- Ponga el mensaje clave al principio. Versus: Ponga el mensaje clave al final de su charla.

Y ahora está leyendo otro libro, ¿no es así?

¿Qué decir a modo de explicación de esas contradicciones? Las necesidades del público, los tipos de discursos, los ambientes y las capacidades y la experiencia del orador requieren que haya variedad y flexibilidad. Pero las contradicciones no excluyen los fundamentos básicos. Las técnicas probadas para organizar y expresar la información a un público, grande o pequeño, aumentarán considerablemente su efecto.

Como oradora profesional, puedo hablar de equivocaciones que deben evitarse así como técnicas que han dado resultados eficaces. También daré información obtenida en mi observación de miles de oradores en las organizaciones de mis clientes, tanto en cuanto a sus técnicas como a la reacción de sus colegas, jefes y clientes.

☞ **5. Aprendiendo de la Biblia**

Sin embargo, la autoridad final y los mejores modelos se encuentran en la Biblia. Jesús fue el maestro y orador magistral. Habló a públicos grandes en sinagogas, en las laderas de los montes, junto al mar y en las calles. Habló a grupos pequeños de fariseos que se entretenían debatiendo con Él, de discípulos que querían aprender de Él, y de amigos como María, Marta y Lázaro que conversaban con Él acerca de sus necesidades diarias. También pasó tiempo con la mujer samaritana junto al pozo y con el joven rico que acudió a Él.

¿Con qué técnicas y rasgos de su personalidad logró semejante efecto? Estaba preparado, y habló con autoridad y control. En realidad, Mateo observa, después del sermón del monte, que "la gente se admiraba de su doctrina; porque les enseñaba como quien tiene autoridad, y no como los escribas" (Mateo 7:28, 29).

Sin embargo, fue paciente con los lentos para aprender. Empleó el buen humor y el enojo para darse a entender. Su lenguaje sencillo maravilló hasta a los más educados. Fue accesible cuando quienes lo rodeaban tenían preguntas específicas acerca de sus principios. Sincero y veraz, Él aplicó sus mensajes, desde pagar los impuestos hasta servir a los invitados.

Había variedad en sus técnicas: parábolas, lecciones objetivas, ilustraciones, analogías, paradojas, silencios, buen humor, modelos para imitar, preguntas y discursos. Usó una moneda como lección objetiva sobre los impuestos. Ilustró el corazón de siervo lavando los pies de sus discípulos. Usó un poderoso silencio ante los acusadores de la mujer adúltera para convencerlos de su hipocresía. Usó magníficas técnicas de preguntas para comunicar su mensaje acerca del agua de vida.

Sus discípulos también comenzaron a maravillar a quienes los rodeaban al mostrar capacidades para hablar aprendidas del Maestro. "Entonces viendo el denuedo de Pedro y de Juan, y sabiendo que eran hombres sin letras y del vulgo, se maravillaban; y les reconocían que habían estado con Jesús" (Hechos 4:13).

No dejaron que su falta de educación formal los detuviera de ser oradores eficientes; tampoco dejaron que su falta de educación se convirtiera en excusa para no mejorar sus talentos. El apóstol Pablo escribió: "Pues aunque sea tosco en la palabra, no lo soy en el conocimiento" (2 Corintios 11:6).

Tenga presente que los discípulos con frecuencia tuvieron

tiempos de prueba con sus oyentes. Hablaron a oidores "neutrales" en grupos grandes como el de los atenienses en el Areópago y las multitudes en Pentecostés. Consolaban a sus amigos en pequeños grupos como el de la vigilia de toda la noche para la liberación de Pedro de la prisión. Debatieron asuntos en el concilio de Jerusalén y en la casa de Cornelio. Muchedumbres hostiles formaron parte de su programa de cuando en cuando; autoridades airadas, apedreadas y juicios. Y nunca desperdiciaron la oportunidad de hablar personalmente con ellos. Para el carcelero de Filipos y el eunuco etíope su mensaje fue muy persuasivo. En todas esos ejemplos el mensaje del evangelio fue proclamado por discípulos que siguieron la metodología del Maestro en palabra y en acción.

Además de los ejemplos en el Nuevo Testamento, los profetas del Antiguo Testamento proclamaron su mensaje con efecto; desde tablas (Habacuc 2:2) hasta vasijas de barro rotas (Jeremías 19:10, 11). Por último, el libro de Proverbios contiene numerosas verdades generales acerca de la comunicación eficaz. Por ejemplo: "El que habla verdad declara justicia" (12:17). También hay exhortaciones para oír bien (8:6, 33), buscar consejo (13:10), y el uso del buen humor (17:22).

Con todo ese énfasis bíblico, de ejemplo y principio, con seguridad estaremos de acuerdo en que la palabra hablada tiene poder. Ese poder puede transformar nuestra vida y la de nuestros oyentes, para el día de hoy y para la eternidad.

Las técnicas son suyas para que las practique. Su eficiencia aumentará con la disposición a invertir el tiempo y el esfuerzo para llegar a ser un *orador sin temor*.

Cómo controlar
el nerviosismo

El miedo al público comienza con frecuencia mucho tiempo antes de subir a la plataforma. Para la mayoría, la condición se apodera de nosotros en el instante que recibimos una invitación para pronunciar un discurso. Por lo general, cuanto más tengamos que esperar el gran acontecimiento, tanto más prolongados y graves los síntomas.

A veces nuestro miedo es racional y a veces no. Tememos que nuestro tema o la información no sea exactamente lo que el público espera, necesita o quiere. Tememos que nos ataquen por nuestra mala actuación o desafíen nuestras credenciales, haciendo una pregunta que no podamos responder. O nos vemos haciendo una afirmación equivocada o una grave omisión de información clave. Y aunque sepamos bien nuestro tema y estemos seguros de nuestra competencia para hablar sobre éste, sentimos que una actuación deficiente pudiera avergonzarnos.

Tememos también que el grupo vea nuestro nerviosismo. Aun cuando no hubiera ninguna otra causa de miedo, algunos nos preocupamos de no tener el tiempo adecuado para prepararnos a hacer de la mejor manera nuestro trabajo o que alguna circunstancia más allá de nuestra intervención (como que el equipo de audiovisuales funcione fuera de control) estropee las cosas.

Si cualquiera de esos son sus temores, está en buena compañía: Sir Lawrence Olivier, Carol Burnett, Maureen Stapleton, Luciano Pavarotti, Willard Scott y Johnny Carson admiten tener miedo antes de una actuación. Los oradores políticos y de negocios también experimentan ansiedad porque con frecuencia ellos presentan un manuscrito preparado por otra persona a un público dispuesto a poner en tela de juicio sus ideas.

De acuerdo con un estudio que se hizo con cincuenta mil estudiantes universitarios de la Universidad de Virginia Occidental, los investigadores encontraron que la persona típica tiene un "miedo mortal" a hablar en público.

Si usted oye a alguien decir que no está nervioso antes de un discurso, sabrá que habla con un orador aburrido. Si los oradores no tienen cierta cantidad de ansiedad, su adrenalina no correrá para empujarlos a una actuación superior. Estarán demasiado seguros y confiados como para hacer su mejor esfuerzo.

☞ 6. El miedo empuja hacia una actuación superior

El secreto de un gran orador es hablar a pesar del nerviosismo, usando el nerviosismo en su favor. Considere la tensión y la adrenalina extra corriendo por usted como un catalizador para una gran actuación, la ventaja ganadora que usted necesita para empujarlo a superarse.

Es cierto que en ocasiones sentirá que ha perdido el control de su cuerpo: pulso rápido, palmas sudorosas, boca seca, rodillas temblorosas, contracciones musculares, dificultades respiratorias, voz trémula, náuseas, inquietud.

Sin embargo, por muy nervioso que esté, nunca se lo diga al público. Si éste presiente su inquietud, se preocupará por usted de un modo semejante a los padres cuando su hija sube al escenario de la escuela para hacer el papel de Cenicienta. Al reconocer que tiene miedo, hace que el público se preocupe por su mano temblorosa cuando debiera estar escuchando sus palabras.

Lo que falta en nuestra naturaleza, por lo general segura, es la reacción inmediata. En la conversación con otra persona, recibimos una reacción inmediata de nuestro oyente: una ceja levantada, un ceño fruncido, una discusión, una sonrisa, una inclinación de la cabeza, una confirmación. Cuando se habla frente a un grupo, uno está perdido sin esa reacción inmediata. Es como cruzar un río poco profundo cuando no se pueden ver las piedras bajo la superficie. Uno está un poco nervioso con cada paso que da hasta que el pie toca una superficie firme.

Tenga presente que nunca puede cederle terreno al nerviosismo si quiere dominarlo. Quizás usted se haya encontrado en una situación semejante a ésta: Viajo por todo el país, y con frecuencia llego de noche a una ciudad extraña, alquilo un auto, y conduzco a alagún hotel remoto en las afueras para la conferencia del siguiente día. Mientras saco el equipaje y camino desde mi auto hasta la habitación del hotel, lucho por mantenerme calmada.Entonces a medida que me alejo de la zona alumbrada del estacionamiento, mis pasos se hacen más ligeros. Si veo a una persona extraña rondando en mi camino, mis pasos se aceleran cuando el miedo me domina. El último esfuerzo es un empujón de mi carrito portaequipajes por la puerta del hotel y una arremetida a las cerraduras de la habitación.

Una vez que el miedo se apodera de usted, ya tiene un problema. No se deje dominar. No dé el primer paso hacia el fracaso total. En vez de pensar en sí mismo y en lo abochornado que estará, concéntrese en el tema. Recuerde y ensaye sus puntos clave en vez de sus obstáculos clave.

El miedo es una respuesta aprendida. Un niño de dos años no teme bajarse a la calle hasta que alguien lo saca de un tirón y lo advierte del peligro. Aprendemos el mismo miedo de hablar ante un grupo la primera vez que un compañero de clase se pone de pie frente a la clase para recitar un poema, tiene un fallo de memoria y se turba, y se producen las risitas en el aula. Y si ese miedo es aprendido, se puede eliminar, o por lo menos dominarlo.

Una manera de fortalecer su confianza es recordar que fue a usted a quien le pidieron que hablara. Por lo menos alguien piensa que usted es capaz y tiene la experiencia apropiada en el tema. Si otros en el público supieran más que usted, les habrían pedido que hablaran ellos.

☞ 7. Control es el secreto

La meditación sincera fortalece. Acuérdese de las palabras del salmista: "En el día que temo, yo en ti confío. En Dios alabaré su palabra; en Dios he confiando; no temeré; ¿Qué puede hacerme el hombre?" (Salmo 56:3, 4). Desde luego, la mayoría teme cosas menores que el daño físico. Nuestros temores reales con frecuencia giran alrededor del miedo a la vergüenza.

Con esos temores "menores", otra manera de calmarme es considerando la experiencia total a la luz de la eternidad. ¿Qué es lo peor que puede suceder? ¿Cuánto importará un año después?

En realidad, si cometo un error, ¿quién lo recordará mañana? Mi discurso insignificante en el esquema total de las cosas es minúsculo.

En realidad, mi esposo traduce mis temores irracionales en una buena risa con su observación: "Lo puedo ver ahora en el periódico nacional: Dianna Booher proyecta diapositivas torcidas con los bordes de color levantados debido a la superficie del miserable proyector. También llevaba puesto un vestido azul que se arrugó mucho en el avión y . . ." Usted entiende. Aprenda a burlarse de usted mismo. Ponga el asunto en perspectiva.

Estas son otras cosas físicas que usted puede hacer para librarse de los síntomas del nerviosismo:

- Respire profundamente y exhale lentamente varias veces. (Eso obliga a los músculos a relajarse un poco, aumenta la provisión de oxígeno al cerebro, y puede bajar el ritmo del pulso.)
- Afloje todos los músculos del cuerpo, luego ténselos, después aflójelos otra vez.
- Apriete los puños, luego relájelos.
- Deje que los brazos cuelgen flojos, rote las muñecas, luego sacuda los dedos (como en un aleteo).
- Deje caer la mandíbula y sacúdala de un lado a otro.
- Bostece. Deje caer la mandíbula. Aspire con respiraciones cortas y usted bostezará hasta calmarse.
- Gire la cabeza o los hombros, o ambos.
- Aflójese como un muñeco de trapo y vuélvase a enderezar. Repítalo.
- Seleccione un objeto y mírelo fijamente por largo rato, concentrándose en relajarse.
- Camine rápidamente o corra antes de llegar al lugar de la conferencia.

Escoja el truco mental o físico que funcione mejor para usted en una situación particular. La idea es de pasar del terror al miedo, a la tensión, al "estímulo" puro. Su estímulo inspirará o motivará a su público.

Concentre su atención en lo que sucede alrededor de usted o en su tema próximo y aleje el pensamiento de sí mismo. Concéntrese en su público: ¿Cómo ayudarán sus ideas a mejorar sus vidas o por lo menos sus conocimientos fundamentales? Aprenda a apreciar la energía creada por la tensión; piense en el cosquilleo de su estómago como un tanque de creatividad presionando hacia afuera para hacerlo formidablemente excelente. Piense en su tema con pasión. Prepárese bien. Apréstese psicológicamente para los buenos resultados que producirá su discurso.

☞ 8. No deje que el miedo signifique mediocridad

No se contente con ser un orador "promedio", mediocre como la mayoría. Evite la actuación excesivamente estricta: no muy apasionada, no muy fuerte, no muy vistosa, no muy cómica, no muy controvertible, no muy emocional, no muy formal, no muy informal, no muy nada.

En vez de conformarse a la mediocridad, sea usted mismo.

Pero sea mejor que "natural". Relájese preparándose bien, pero no pierda la tensión. Haga énfasis donde usted sea fuerte para que su discurso mueva al público a tomar una acción o decisión.

Quizás usted se pregunte si de veras es posible que una persona tímida sea un excelente ejecutante. Después de todo, no se puede cambiar la personalidad de un individuo con el chasquido de los dedos o con un piquete en el proyector. Tengo buenas noticias; es posible. Los tartamudos con frecuencia no tienen dificultad para cantar. Los cojos pudieran no tener problemas para nadar. Los nacidos en el extranjero pueden hablar con fluidez otro idioma.

Moisés ofrece un gran ejemplo de un orador "promedio" que se convirtió en un líder poderoso y persuasivo cuando, con la ayuda de Dios, presentó su petición ante Faraón y sacó a Israel de Egipto (véase Éxodo 6:28 — 7:7).

Larry Rogers, un amigo abogado con especialidad en las finanzas de corporaciones, es otro buen ejemplo. Larry viste siempre impecablemente un traje de rayas finas y camisa blanca; pero él más o menos pasa inadvertido (lo siento, Larry) porque es muy tímido. Entre nuestro grupo de estudios bíblicos, saluda inclinando la cabeza y sonríe cuando entra en el aula, toma asiento, y nunca dice palabra a menos que le hablen.

Después de cuatro años de conocerlo, me invitaron a celebrar un seminario en la compañía de Larry. El tema de hablar en público y de la elocuencia surgió durante el debate en la clase. Varios participantes comentaron que deseaban poder ponerse de pie y ser elocuentes. Entonces uno del grupo se volvió a mí y me dijo:

— Hablando de elocuencia, debiera oír a uno de nuestros vicepresidentes legales aquí. Es fabuloso. Cuando pronuncia un discurso, al público le encanta. Puede pensar con rapidez. Su lenguaje y dicción son intachables. Su sentido del humor es fascinante. Es formidable.

Otros más intervinieron.

— ¿De veras? — respondí yo —. ¿Lo conocí en alguna clase anterior? ¿Quién es él?

— Larry Rogers.

También usted, no importa cuán tímido sea, puede prosperar con el resto de los consejos que se dan en este libro.

El cultivo de un estilo de expresión natural

2

Las opiniones difieren ampliamente acerca de lo que sea más importante para su éxito como orador: lo que tiene que decir o cómo lo dice. Estilo o contenido. En mi experiencia ambos son igualmente importantes.

Me entusiasman las grandes ideas y me agrada entretenerme con el tesoro de información de oradores conocedores. Pero cuando tengo que escuchar una voz monótona de un orador sin vida, lo divertido se evapora rápidamente. El escuchar, en vez de ser una experiencia divertida, de repente se vuelve trabajoso.

Por otra parte, he escuchado a oradores con muchísimo brío; divertidos, gráficos, animados y pulidos; y he salido pensando: "¿Qué dijo en realidad? ¿Qué me dijo que no haya oído en cada esquina de la calle y cada sala de conferencias? ¿Qué tiene de valor ese discurso?"

Mis conclusiones son estas: (1) Cuando las ideas disminuyen, deje de entretener y siéntese. (2) Cuando se acaba su energía y animación, olvídese de las ideas porque el público no escuchará con la suficiente atención para oírlas de todas maneras.

☞ 9. Revele su personalidad y actitud simpáticas

Su estilo de expresión es un reflejo directo de su personalidad y actitud. Dicho con sencillez, la gente tiene que simpatizar con usted para que lo crea. ¿No ha oído a oradores egoístas que tenían un gran mensaje pero perdieron el respeto que usted les tenía debido a su arrogancia? Por otra parte, ¿no ha oído a pobres divagadores en apuros con la organización de sus pensamientos y sentimientos, pero cuyas palabras lo conmovieron porque le resultaban simpáticas a usted? Piense en cuánto del éxito del ex presidente Ronald Reagan se puede atribuir a la realidad de que el público norteamericano sentía simpatía por él. Los medios noticiosos se fijaron en ese resultado; casi todos los análisis de sus discursos durante los ocho años que estuvo en el poder incluyen las palabras "un presidente sumamente popular".

Hace poco tomamos una decisión difícil entre "personalidad" y "capacidad" cuando contratamos a una nueva instructora para nuestra oficina. Entrevistamos a una mujer con un doctorado en periodismo y ocho años de experiencia en la enseñanza de redacción técnica para adultos. Nuestra segunda aspirante tenía un título de maestría y una personalidad atractiva. Como compañía nos hubiéramos enorgullecido de presentar a la doctora a nuestros clientes; sin embargo, sólo hasta el punto donde comenzara a ofender. Desafortunadamente, en nuestro proceso de entrevistas, detectamos una actitud cínica y arrogante que temimos sería irritante para su público, nuestros clientes. A las personas no les gusta escuchar a personas con las que no simpatizan.

Entonces, ¿cuáles son esas características y actitudes que caen bien? La siguiente es una lista para incorporar en sus oportunidades de hablar en público.

Integridad

El público quiere oír a alguien que cree tener la misma integridad que él, alguien que reúna los mismos valores morales y la misma actitud optimista acerca de la vida. Será fácil que le crea cuando usted le presente los hechos y le relate las experiencias.

Autenticidad

El público quiere saber que lo que ve es auténtico. Hace varios meses, oí a un orador en una convención haciendo numerosos ofrecimientos de hablar con los participantes después de la sesión acerca de sus preocupaciones y preguntas. Parecía de veras interesado en ponerse a la orden de cualquiera de los asistentes. Sin embargo, cuando lo vimos unas horas después y nos acercamos para hablarle, su actitud fue muy diferente. De manera brusca, nos dio a entender que no tenía tiempo. No éramos ya sus posibles clientes; éramos sólo colegas en el quiosco al otro lado del pasillo de exhibiciones.

El público presiente la autenticidad. David A. Peoples, en su libro *Presentations Plus* [Discursos y algo más], dice con acierto cuando caracteriza las actitudes del público: "Antes que me importe cuánto sabe usted, quiero saber cuánto le importo a usted." Su público no quiere que usted se esconda tras un discurso de "hechos y nada más", formal, sin emoción e indiferente.

En general, dispóngase a compartir lo que es usted con su público, a reírse de sus debilidades, de sus errores y de sus fracasos como ser humano.

Entusiasmo

Serénese y no tema mostrar su apego al tema. "Me siento emocionado de estar aquí" dice cosas buenas a un público. Significa por lo general que está seguro de tener algo de valor que decir y que está preparado para exponer bien su caso. El aburrimiento es contagioso. El público lo percibe de oradores que se resisten a ser "demasiado emotivos" acerca de las ideas y del resultado de su discurso.

Hasta el precio de las coles en el mercado puede ser emocionante con un poquito de creatividad. ¿Es más alto o más bajo que el año anterior? ¿Más rentable o menos que el del competidor? Hasta los temas más mundanos pueden ser interesantes para un público si usted muestra un poco de curiosidad. Si necesita otro empujón para mostrar entusiasmo, considere el valor colectivo del tiempo (salario por hora) de su público. ¿Vale lo que usted tiene que decir equis número de dólares por minuto? Es evidente que alguien pensó que sí cuando lo invitó a pronunciar su discurso. Esa idea debiera inundarlo de entusiasmo con respecto al tema.

Sin embargo, no iguale el entusiasmo con la histeria. No intimide a su público forzándolo a levantar las manos si contribuyen equis número de dólares por lo menos para su causa. Entonces, ¿cuánto es demasiado entusiasmo? Usted tiene que juzgar. Deje que su autenticidad lo guíe. Si muestra emoción porque de veras está convencido de lo que dice, entonces está en terreno firme con su público. Cuando siente que está fingiendo, es hora de moderarse y calmarse.

Humildad

La humildad hunde a muchos oradores principiantes porque, por un lado el público quiere que usted sea un experto conocedor del tema y, por otro lado, no quiere que sea arrogante respecto a lo que sabe. Pregúntese cuál es la mezcla correcta entre la pericia que establece su credibilidad y la humildad que lo hace simpático y no arrogante.

Sí, hay veces que tiene que vender su propia competencia para hablar sobre el tema. Lo hace seleccionando experiencias, ideas e ilustraciones que comunican su alcance de pericia sin parecer demasiado egoísta o excesivamente modesto.

El éxito depende de tres imperativos: *simpatía, convicción y competencia.* Pero hay otras maneras de mostrar humildad además de la presentación modesta de sus credenciales. Por ejemplo, asegúrese de dar crédito a las fuentes de información o ideas prestadas de otros.

Y puede mostrar humildad en ocasión reconociendo la experiencia de su público con frases como: "Francamente, me asombra estar frente a un grupo como éste. Muchos de ustedes tienen más experiencia que yo en tal cosa. Sólo espero poder presentar una perspectiva diferente para consideración de ustedes."

Tono de "nosotros" contrario al de "ustedes"

¿Quiere un tono didáctico o uno que diga: "Todos estamos juntos en esto"? Hay ocasiones para ambos. Escuche la apertura de Pedro el día de Pentecostés: "Entonces Pedro, poniéndose en pie con los once, alzó la voz y les habló diciendo: Varones judíos, y todos los que habitáis en Jerusalén, esto os sea notorio, y oíd mis palabras" (Hechos 2:14). Determinado, continuó con su sermón. En otras ocasiones, sin embargo, hablaba sólo como "uno de los discípulos".

Usted tiene que decidir siempre el tono que usará con su público: el de experto, maestro, crítico, semejante, guía o motivador.

Todos son apropiados en su oportunidad; pero escoger uno es una decisión estratégica para un público en particular. En general, adopte un tono de "nosotros" en vez de uno didáctico. En un concurso entre "elocuente y frío" contra "adecuado y cordial", el último produce el efecto más duradero.

Buena voluntad y un deseo de dar valor

Una de las condenaciones mayores que un público hace cuando le preguntan qué dijo un orador es: "No mucho." Considere su discurso como una obligación de dar algo de valor al público. Si no tiene tiempo para prepararse o no quiere hacer el esfuerzo, entonces rechace la invitación.

Esa expectativa de valor se refleja en una pregunta en la fórmula para la evaluación de los adiestramientos en la *Exxon:* ¿Le pareció que al instructor le importara que usted aprendiera algo? De conformidad con eso, los comentarios del público que significan más para mí no son acerca de la elocuencia, la pericia o el entusiasmo, sino de oyentes que comentan algo como: "Lo que dijo usted cambió la dirección de mi vida." Y no me refiero a conceptos espirituales en mis conferencias de negocios. Pero los oyentes que sienten que han recibido algo lo bastante valioso como para cambiar la dirección de sus carreras o mejorar la comisión de sus salarios me hacen sentir que en realidad he dado algo de valor por mi sueldo.

El público tiene que creer que usted les desea bien de corazón, que no ha llegado para aburrirlos intencionalmente, y que les está dando información para ayudar, no para obstaculizar.

Sentido del humor

Usted no tiene que ser un comediante caricato y ni siquiera tener el propósito de divertir a su público. Sólo adopte un enfoque ameno, una actitud de espontaneidad, una disposición a ver el sentido del humor en las cosas comunes y corrientes de la vida. En vez de quejarse cuando la luz se va inesperadamente durante su conferencia de diapositivas, recompense a todos con un receso mientras pone las cosas bajo control. En vez de mostrar disgusto porque el orador anterior se adelantó a usted, comente acerca de su buen gusto en escoger su anécdota favorita. En vez de ponerse nervioso cuando se le caen sus notas, salga con: "Pensé que barajarlas harían más lógicas las ideas ."

La ropa apropiada

No voy a decirle cómo debe vestirse; su ropa tiene que encajar con su personalidad, la ocasión y su público. Pero no deje fuera ninguno de esos ingredientes en su decisión. Su ropa les dice a sus oyentes lo que usted piensa de sí mismo y de ellos. ¿Son dignos de que usted se vista con esmero? ¿Es usted competente y vale la pena que se le mire? Desde luego, la ropa es parte de las expresiones del cuerpo que usará durante la conferencia. Los hombres a veces se aflojan la corbata y se arremangan la camisa para mostrar familiaridad y su dedicación al asunto del discurso.

La mayoría del público y de los oradores están de acuerdo en que es mejor que el orador esté un poquito más formalmente vestido que el público por respeto de su importancia y atención.

En resumen, es importante cultivar una personalidad y actitud simpáticas. Si usted puede ganar a su público con su gracia y encanto, el público será más receptivo a su mensaje. El espíritu de esa verdad está bien ejemplificado en la proclamación del apóstol Pablo: "A todos me he hecho de todo, para que de todos modos salve a algunos" (1 Corintios 9:22).

☞ 10. Discurso = Ejecución + Conversación

Después de revisar su actitud y personalidad, la técnica clave en la forma de expresarse es su estilo natural de hablar. Para hacer eso, dése cuenta de cómo habla con naturalidad, animación y entusiasmo acerca de su tema y su propósito.

Las ejecuciones se enfocan en el *tema tratado* sin considerar las necesidades del público. Las conversaciones se enfocan en *lo que la otra persona necesita y quiere oír*. Usted necesita las dos perspectivas. Su estilo debiera no ser un discurso deshilvanado, que además pase hasta por mala conversación, sino un estilo planificado y ameno que le habla directamente a cada uno.

Todos actuamos todos los días, según Shakespeare: "Todo el mundo es un escenario, y todos los hombres y mujeres simplemente actores." Adaptamos nuestra manera de hablar un poco cuando estamos con otros, poniéndonos un tanto más formales que cuando cantamos en la ducha.

Pero los buenos oradores tratan de ser ellos mismos; sólo que un poco mejores. En otras palabras, si usted normalmente no sale con frases graciosas, entonces no lo intente frente a un público. Si usted no emplea lenguaje popular y expresiones familiares en su conversación diaria, no trate de usarlas en un discurso. Las personas, particularmente los jóvenes, son sensibles a esa clase de fingimiento.

Desde luego, no digo que la conversación y la oratoria sean exactamente lo mismo. Hay diferencias. Usted se siente más vulnerable frente a un grupo porque varias personas le han prestado su atención en vez de un solo individuo. Debido a que la gente ha sacado tiempo de su programa normal, usted siente más presión para hacer que lo que diga no sea superfluo; de ser estructurado y lógico. Por último, tal vez se sienta desconcertado porque su patrón normal de reacción se ha alterado. En la conversación natural usted ve la reacción de inmediato y recibe la respuesta ("¿Ah sí?" "Entonces ¿qué?" "¡Bromeas!" "¿Por qué de esa manera?") que le ayuda a guiarlo y lo inspira a continuar. En la oratoria, no puede depender de esas pistas verbales que le digan cómo lo está haciendo y si está dando en el blanco.

La clave para ser un orador eficiente es, por lo tanto, tomar lo mejor de ambos mundos: disertar y actuar. Sólo dé un discurso a un público mayor. Emplee su estilo natural, animado y entusiasta. Eso no quiere decir que estemos animados y entusiastas cada vez que pronunciamos una palabra. No se dice "Hay que sacar la basura esta mañana" con el mismo fervor de "¡Acabo de ganarme un viaje a Europa!"

Cuando estaba dando lecciones particulares a una instructora para que mejorara la energía de su voz y la expresión corporal, ella insistía en que no podía ser más animada. Decía: "Esa no soy yo." Sin embargo, cuando terminamos la sesión y hablamos por unos minutos, inconscientemente pasó a su estilo natural para hablar. Mientras me contaba acerca de la cena con un viejo amigo, su voz se volvió más alegre, su semblante se iluminó, sus ojos sonrieron, y sus manos y brazos se movieron gesticulando apropiadamente con lo que estaba diciendo.

— Detente. ¡No te muevas! — exclamé —. Mírate en el espejo; deja que tu voz haga eco en tu mente.

Ella lo hizo y, después de ciertas interrupciones esa noche, comenzó a darse cuenta de que ella era una persona naturalmente animada y entusiasta. Su actuación rígida frente a un grupo era en realidad su yo "no natural".

La idea es *verse siendo natural* mientras habla por teléfono a un vecino acerca del perro que ladra afuera, a la familia acerca de su experiencia ese día con el mecánico, a un amigo acerca de su error al olvidar el nombre de alguien, o a un colega acerca de la escena de una película que usted pensó que era muy cómica. Aprenda a verse en esas situaciones; entonces sienta cómo se siente y oiga cómo suena su voz. Copie ese sentimiento y tono cuando hable con un grupo mayor.

Ese es el usted *natural*, y ese es su estilo de expresión más eficaz. La persona enérgica y animada que es usted cuando está con los amigos en una situación sosegada. El usted *no natural* es la persona en la cual se convierte frente a un grupo. Entonces sea usted mismo y hable simplemente a un público de más de una persona.

☞ 11. Pronuncie su discurso en vez de leerlo

La razón por la que tenemos tantas conferencias y discursos muertos es porque muchas personas optan por leer, y leer algo que no se escribió con el propósito de que se leyera en voz alta. Las diferencias entre la comunicación escrita y la oral son enormes. Una es que los lectores pueden volver a leer un documento si no lo entienden la primera vez. En la comunicación oral el oyente tiene sólo una oportunidad de entender. Un lector puede detenerse, poner a un lado el documento y consultar el significado de una palabra en un libro de referencia. Un oyente no. Un lector puede volver a leer y aclarar una frase larga; un oyente no. Un lector puede refrescar la memoria con los puntos clave repasando la estructura del documento; un oyente no puede repasar a menos que el conferenciante lo ayude con repetición y medios visuales.

El simple hecho de tener presentes estas diferencias entre el lenguaje escrito y el oral lo hará consciente de lo que se necesita para explicar un concepto complejo en una presentación oral.

Emplee palabras sencillas y frases cortas

Si emplea palabras que no pueden entender sus oyentes, éstos dejarán de escucharlo. O peor, se enojarán, pensando que sólo intenta impresionarlos, que quiere hacer que se sientas ignorantes o que no le importa lo suficiente como para descubrir cuánto sabían ellos mismos sobre el tema. Y todas esas reacciones van en detrimento de sus propósitos.

Las palabras rebuscadas no necesariamente son una señal

de inteligencia. El talento de hacer que un tema complejo sea comprensible para la persona común es el distintivo de un buen orador.

Si usted no entiende algo, emplee palabras eruditas. Comparta la ignorancia con sus lectores.

Leyes de Horton

Si el ex presidente Bush le hubiera dicho al pueblo norteamericano que él quería una "nación más dócil y afable" en vez de una "nación más compasiva y considerada", ¿se habría ganado la mitad de los votos?

Prefiera la palabra conocida a la desconocida: *extraño* en vez de *anómalo*; *mucho* en vez de *miríada*; *avergonzado* en vez de *ruborizado*; *cortado* en vez de *lacerado*; *raro* en vez de *esotérico*.

Prefiera lo concreto en vez de lo abstracto: *camión, automóvil* o *autobús* en vez de *vehículo*.

No deje que su instrucción sea un obstáculo para ser un orador eficiente. Un vocabulario amplio es bueno cuando se necesita para entender mejor a alguien o para seleccionar la única palabra que en realidad comunica el verdadero significado. Sólo que no haga alarde de su conocimiento para confundir al público.

Prefiera las frases cortas a las largas. Las frases largas confunden a los que escuchan.

No emplee palabras que no pueda pronunciar. Los escritores de discursos para el presidente Lyndon Johnson eliminaban las palabras que le resultaban difíciles de pronunciar. Me he dado cuenta de que es la mejor solución para mí. Escoger una palabra más sencilla y clara es preferible siempre que mascullar, hablar con voz apagada, balbucir, o incluso exagerar tratando de pronunciar una correctamente una palabra difícil. La palabra sencilla hace mejor efecto.

"Denme libertad o denme muerte."

—Patrick Henry

"Yo tengo un sueño."

—Martin Luther King

"No preguntes lo que tu país puede hacer por ti; pregunta lo que tú puedes hacer por tu país."

—John F. Kennedy

"Sólo di no."

—Nancy Reagan

"Una nación más compasiva, más considerada."

—George Bush

"Quiero enseñar al mundo a cantar en armonía perfecta."

—Canción popular

"A gran prisa, más vagar."

—Refrán popular

"Miedo al miedo es el único miedo que temer."

—Franklin Roosevelt

"Yo soy el camino, la verdad y la vida."

—Jesucristo

LAS PALABRAS SENCILLAS CONMUEVEN

Use lenguaje específico y vívido

Trate de ayudar a su público a comprender su mensaje con palabras ilustrativas, gráficas y vívidas que le permitan ver y sentir. No "un individuo enojado" sino "un adolescente pecoso y gritón". No "una operación ordenada" sino "una impresión en la que hicimos 428 copias sin una página omitida ni manchas en los márgenes". No "una creciente preocupación por nuestras ganancias" sino "en seis meses incurriremos en una deuda de treinta mil dólares".

Hable de "ustedes" y de "nosotros"

Manténgase concentrado en sus oyentes como si les hablara individualmente. No "como este grupo seguramente sabe", sino "como ustedes saben". No "si la gerencia está de acuerdo", sino "si estamos de acuerdo en trabajar juntos".

Omita las frases hechas

Evite decir frases trilladas que suenen como si las hubiera tomado de un libro: "frente a un desafío importante"; "aprovechamos la oportunidad"; "debemos abrirnos brecha"; "somos tan buenos como las decisiones que tomamos"; "peleó una buena batalla". Frases como esas son extrañas a la familiaridad de la vida cotidiana.

Use el estilo familiar y el popular cuando sea apropiado

Vestimos diferente según la ocasión; hablamos diferente según la ocasión para identificarnos con nuestro público. "Nos informó su decisión acerca de reducir el personal" es formal. "No se anduvo con rodeos acerca de nuestros trabajos" es informal. El uso de expresiones formales e informales debe ser según la ocasión.

Evite los errores gramaticales

El uso correcto de la gramática sigue siendo la marca de educación en nuestra sociedad. Evite el uso incorrecto del pronombre como "aquellos quienes fueron a la tienda" en vez de "los que fueron a la tienda". Tenga cuidado de emplear adverbios en lugar de adjetivos: "Lo hizo bueno" cuando quiere decir "Lo hizo bien". Tenga cuidado que concuerden el sujeto y el verbo: "La gente no tienen cuidado" cuando debe decir "la gente no tiene cuidado".

En este punto se sugiere la lectura del libro *Cómo dar vida a las palabras* de la autora María Cristina Kunsch de Sokoluk, publicado por Editorial Vida, que ayuda a mejorar la expresión oral y escrita.

☞ 12. Suponga que se trata de un público amable

Si supone que todo el mundo anda tratando de pescarlo en un error o de discutir con usted, se sentirá nervioso y pudiera hasta oírse hostil hacia su público.

En mi propia experiencia y en la de muchos otros oradores profesionales, los que van a oírlo le desean bien. Después de todo, han sacado de su tiempo para ir a escucharlo. Esperan ganar algo de la experiencia. Y aunque fueran forzados por un jefe o un cónyuge fastidioso, todavía serán agradablemente sorprendidos de que usted les dio algo de valor o de entretenimiento.

Para asegurarse de que sean amables y positivos, llegue temprano y converse con las personas de manera individual. Charle acerca de la ocasión, su viaje a ese lugar, qué trabajo hacen, las amistades que tienen en común, cualquier cosa que les permita verlo a usted como una fina persona interesada en ellos. Esas conversaciones hacen que usted los vea como "amigos" que recibirán y se beneficiarán de lo que usted dirá más adelante.

Si por alguna razón no tiene la oportunidad de conversar antes, lo puede hacer delante del grupo antes de comenzar la conferencia. Pregúntele al público si se siente cómodo. ¿Hace mucho calor en la sala? ¿Está demasiado oscura? Pida un aplauso para alguien más que se ha encargado de los detalles de planificación de la reunión. Felicite al público por su esfuerzo en asistir: "Ustedes deben ser la clase de comunidad que se interesa por la forma en que los jóvenes pasan su tiempo."

Hasta los movimientos de su cuerpo trasmiten la manera en que usted siente respecto a sus oyentes. Si usted es amistoso, se inclinará a caminar hacia ellos para acercarse más. Si les tiene miedo, se esconderá detrás del atril o de la mesa y se inclinará hacia atrás.

Haga contacto primero con los que están sentados más cerca. Por lo general, las personas que escogen los asientos más cerca del orador perciben el valor de la sesión y quieren estar en frente para no perderse nada. O alguien les ha dicho que usted o su mensaje son tremendos y están ávidos de no perderse una sola palabra. Concéntrese en esos rostros amigables al principio de su discurso, y después amplíe su sonrisa y atención a los que están más atrás conforme vaya ganando confianza.

Por último, no se deje desanimar por el silencio. El silencio puede significar pensamientos profundos y acuerdo tanto como aburrimiento. Recuerdo haber tenido a una ingeniera en mi público que me preocupó desde el momento de apertura. Cuando ella entró, no habló con nadie y casi no me miró ni miró a nadie más el resto de la mañana. Apoyó la barbilla en una mano y garabateó en un cuaderno todo el tiempo de la conferencia. Ensayé todas las técnicas que sabía para lograr que ella participara, para sacarle una sonrisa, cualquier señal de que estaba interesada o siguiendo lo que yo estaba diciendo. Por último, suponiendo que era una causa perdida, me di por vencida. Imagine mi sorpresa cuando leí después su evaluación de la sesión: "Absolutamente la mejor conferencia a la que he asistido. Debiera ser un requisito para todos los ingenieros de la compañía."

Eso en cuanto a las expresiones del cuerpo. Sí, debe ser sensible a las expresiones corporales del público; pero al menos puede suponer que por lo general sus oyentes lo escucharán con respeto. En el mejor de los casos, estarán de acuerdo con lo que usted tiene que decir. Con esa suposición, su forma de expresarse se oirá sosegada y optimista.

☞ 13. Preste atención a las expresiones de su propio cuerpo

Sólo el siete por ciento del mensaje se da mediante las palabras. Esa afirmación es correcta, según Albert Mehrabian, cuyo bien citado estudio muestra que el público nos percibe de tres maneras: cincuenta y cinco por ciento visualmente, treinta y ocho por ciento mediante las inflexiones de la voz, y sólo el siete por ciento a través del contenido expresado en las palabras.

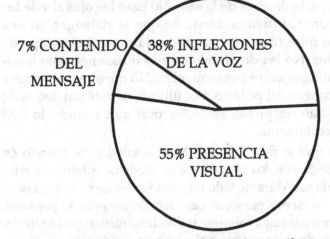

7% CONTENIDO DEL MENSAJE

38% INFLEXIONES DE LA VOZ

55% PRESENCIA VISUAL

Su mensaje depende de mucho más que sólo sus palabras.

Piense en las implicaciones. Eso significa que la manera en que se dirige al grupo, su ropa, sus gestos, su postura, su sonrisa y el contacto visual determinan el cincuenta y cinco por ciento del impacto que usted haga.

Contacto visual

El contacto visual, o la falta de ese contacto, es la manera más notable. El contacto visual dificulta el quitar la mirada de alguien que lo está viendo. Cuando hace contacto visual con alguien del público, usted ha establecido un vínculo. Ha señalado su interés en esa persona y su sinceridad en lo que está diciendo. En realidad, usted ha oído decir: "Míreme a los ojos y vuelva a decirme eso." O: "Ella me dio una mirada furibunda cuando lo dije."

Alguien ha dicho que "los ojos son las ventanas del alma", y es sobre todo cierto del orador. Los amantes pasan horas mirándose a los ojos para compartir los sentimientos que las palabras no pueden expresar. Los enemigos fijan la mirada en los ojos del contrincante para determinar su próximo movimiento. Los atajadores en el fútbol americano observan los ojos de los defensas para evitar que los engañen. Los equipos de negociadores se sientan a la mesa para interpretar las reacciones en los ojos de sus opositores a los términos ofrecidos.

Hay cosas que deben hacerse en cuanto al contacto visual. No se quede mirando fijamente a una o dos personas o a un punto en la parte de atrás de la sala. No pase los ojos alrededor de la sala como si tuviera miedo de que se detengan en una persona. No mire fijamente sus notas, la mesa o el equipo de audiovisuales. No lea de un manuscrito ofreciendo sólo miradas momentáneas entre pensamientos. No mire a su alrededor ni sobre la cabeza del público. Por último, no esté tan detrás de su público que no pueda verle los ojos aun cuando lo esté mirando directamente.

Ahora lo que sí debe hacerse. Mire alrededor de cuando en cuando en línea con los ojos de todos. Pudiera enfrentar ciertas secciones de la sala durante todo un punto antes de moverse a otro. Fije sus ojos en ciertas personas para establecer contacto personal. Deje que su mirada caiga sobre ese individuo, mantenga el contacto, vaya al grano, después muévase al siguiente par de ojos.

El contacto visual es una forma de moderar los párrafos. Exprese un punto, una frase, un clímax, una ilustración a una persona; luego levante los ojos y póngalos en la siguiente persona para expresar su siguiente punto. Una o dos frases dichas a cada persona establece un fuerte vínculo de intimidad con sus oyentes como individuos.

Gestos y modales

Los gestos y modales reafirman o desacreditan lo que usted dice. Puede convencer a sus oyentes de la sinceridad de usted o ponerlos en su contra. Imagínese que está en un aeropuerto con toda clase de conversaciones alrededor, y usted está despidiéndose de un amigo. De repente, el hombre y la mujer sentados a su lado comienzan a sacudir los brazos de manera espectacular, con los dedos en el aire en señal de urgencia. Su atención se desvía de inmediato de su propia conversación a esa pareja. ¿Por qué no le llamaron la atención sus palabras mientras que sus gestos sí? Es el poder de los gestos y modales que, con frecuencia, dicen más que las palabras.

Usted pudiera estar completamente convencido y seguro de lo que está diciendo; pero el público pudiera percibir que no es sincero porque no hace contacto visual, o tiene una postura floja, una expresión aburrida o un estilo débil.

La siguiente lista de los gestos y modales más comunes lo alertarán en cuanto a sus propias expresiones corporales.

Dictatorial:
- brazos cruzados
- manos en la cadera
- manos en la espalda
- manos en posición de campanario
- golpear con los puños
- apuntar con el dedo
- tajos de karate en el aire

Familiar:
- palmas abiertas hacia arriba
- gestos amplios arriba de la cintura
- quitarse los espejuelos
- moverse al frente del atril

- bajarse de la plataforma
- caminar hacia el público y moverse entre él
- inclinarse hacia adelante en las puntas de los pies o en el borde de su silla.
- gestos de manos al rostro
- desabrocharse el saco o el cuello de la camisa, aflojarse la corbata
- barbilla inclinada hacia un lado

Inseguridad/Nerviosismo:

- apretar el atril o el equipo de audiovisuales
- morder objetos como el borrador del lápiz
- morderse las uñas
- morderse los labios
- despejarse la garganta continuamente
- manos en los bolsillos
- manos tapándose la boca
- puños apretados
- falta de contacto visual
- tintinear las llaves o el dinero en el bolsillo
- quitarse y ponerse los espejuelos
- golpear con los dedos
- tocarse las orejas
- jugar con el pelo, el bigote o la barba
- darle vueltas al anillo u otras joyas
- balancearse para atrás y para adelante o de lado a lado
- lanzar la tiza, el marcador o el puntero al aire
- frotarse la frente o el pelo con las manos
- frotarse la nuca

Énfasis:

- subrayar un punto en el medio visual
- movimientos amplios de los hombros
- pausas dramáticas
- cejas levantadas
- cabeza mantenida en inclinación reflexiva
- echarse suavemente sobre la punta de los pies
- expresión facial animada

Cualesquiera que sean los gestos, sirven para tres propósitos principales: liberar su propia tensión nerviosa, ganar y mantener la atención del público, y recalcar su mensaje.

Los gestos adecuados son de suma importancia. Con un mensaje inspirador para motivar al público a la acción, gestos grandes, movimientos emocionados y voz alta son naturales y afirmadores. Con un grupo de estadistas mayores, quizás sea mejor reemplazar los movimientos entusiastas con contactos visuales prolongados, gestos deliberados y un entorno determinado de los ojos. En una sala pequeña, los gestos grandes pudieran hacerlo sentirse como un elefante en una tienda de loza. En una sala grande, los gestos pequeños pudieran hacerlo parecer como un niño desconcertado.

Para resumir, los gestos y modales negativos incluyen la postura floja y la rígida sin movimientos; gestos flojos e insignificantes; y fijación de jugar con la ropa y objetos.

Los gestos positivos incluyen una postura cómoda; gestos grandes y abiertos; una expresión facial animada; y silencios eficaces.

Entonces ¿cómo romper los malos hábitos y formar nuevos? Con un esfuerzo consciente. Por ejemplo, aplauda. Ahora cruce las manos y aplauda otra vez de manera opuesta. Se siente torpe, ¿no es verdad? Considerará torpe todo cambio consciente que haga, pero no quiere decir que sus oyentes lo verán así. Las siguientes son algunas indicaciones para mejorar los gestos y modales.

En primer lugar, véase en el espejo y sienta cómo es pararse con las manos a los lados o con los codos ligeramente doblados. Se pudiera sentir torpe, pero no se ve así. Acostúmbrese a cómo se siente para que pueda relajarse haciéndolo frente a un grupo.

Trate de hablar fuerte. Cuanto más fuerte hable, tanto más naturales serán sus gestos. Piense en la última discusión que tuvo con alguien de la familia, cuando agitaba los brazos, apretaba los labios y movía la cabeza. Es difícil usar gestos exagerados y expresivos con una vocecita, ¿no es así? Lo inverso también funciona. Levantar el volumen a un nivel apropiado generalmente mejorará su gesticulación de una manera natural.

Si tomó a pecho el consejo anterior de ser informal, la mayoría de sus gestos serán naturalmente apropiados y eficaces. La energía intelectual y afectiva que sale de lo profundo refleja la manera en que usted se siente acerca del tema. Saldrá con naturalidad de su cuerpo si usted lo permite. El secreto está en darse cuenta de cómo es cuando está siendo natural, sólo que frente a un grupo.

Movimientos

Considere el uso de su espacio físico como parte de su presentación. Caminar hasta donde está el público muestra que usted no tiene miedo de mirarle a los ojos o de responder a sus preguntas. Cuídese de no levantar barreras artificiales como un atril, una mesa o una plataforma alta que lo separen de la fila delantera del público.

La cercanía física da intimidad a su charla. Esa proximidad también ayuda a mantener la atención de sus oyentes. Es difícil caer dormido si el conferenciante está a sólo un metro de su silla o se inclina para hacer una anotación en su cuaderno de notas sobre la mesa frente a usted.

Por último, moverse físicamente en el espacio del público ayuda a controlar cualquier problema o las distracciones. Por ejemplo, una conversación marginal entre dos personas en la reunión puede detenerse de inmediato si usted se mueve hacia ese lado de la sala. Los habladores sentirán todos los ojos siguiéndolo a usted y no querrán que los vean hablando.

La cercanía física también puede impedir que una sola persona del público domine el debate. En tal situación, acérquese como si fuera de modo indiferente a la persona dominante, vuélvale la espalda y mire a otra parte para hacer su siguiente punto o pregunta. Así lo ha cerrado físicamente, y él se mantendrá callado hasta que usted le "dé permiso" para que vuelva a enfrentársele.

El contacto visual, los gestos y modales, y el uso del espacio físico apoyan o debilitan sus palabras.

☞ 14. Module su voz

Consideremos ese otro treinta y ocho por ciento de su mensaje: el efecto de su voz. Cuatro cosas constituyen el efecto de su voz: volumen, tono, calidad y ritmo.

Volumen

El volumen es la amplitud de su voz. En nuestra sociedad, se enseña a las niñas que hablar en voz alta no es una cualidad femenina mientras que los niños no aprenden tales inhibiciones. Como resultado, las mujeres con frecuencia tienen problemas para hablar en voz alta. En el mundo de los negocios de hoy, las voces débiles consiguen muy poca atención. Considere el extremo. Cuando alguien grita, todo el mundo se vuelve para ver, no importa lo que diga. El volumen llama la atención.

William T. Brooks, en *High Impact Public Speaking* [Hablar en público con efectividad] relata la muy circulada historia acerca del evangelista Billy Sunday, que conmovía a multitudes con su mensaje para que se entregaran a Cristo. Sunday con frecuencia se escribía notas en los márgenes de sus manuscritos sobre qué técnicas de expresión usar. Un biógrafo que estudiaba sus bosquejos después de su muerte encontró esta frecuente anotación: "¡Una fuerte exclamación! ¡Este punto es débil!"

Sin que importe cuál sea nuestra opinión acerca de su técnica, sabemos que Billy Sunday ejercía influencia en las multitudes. Lo mejor de todo es tener poder con su voz y con su mensaje.

Recuerde que su voz siempre le suena más alta a usted que a los demás. Acepte el consejo de otras personas cuando le digan que necesita aprender a hablar con fuerza. Recuerde también que su voz es un instrumento; tiene que calentarla para su mejor uso o chillará y se quebrará al principio de su conferencia. Si usted entra en calor con un volumen fuerte como proyectándose a los que están al fondo de la sala, su volumen mejorará la calidad de la voz también.

El volumen da sazón a su voz; domina o pierde la atención de sus oyentes.

Tono

El tono es el grado de elevación de su voz "agudo" o "grave". El tono lo determina mayormente el grado de tensión o relajamiento de las cuerdas vocales. Por eso cuando usted está bajo tensión pudiera oírse con un tono agudo. Cuando está sosegado, naturalmente tendrá un tono más grave.

Apunte hacia un tono grave. Las voces con autoridad son graves y calmadas, no agudas y tensas. La inflexión es un cambio de tono: del "deténgase" que se le grita a un asaltante al "deténgase" que se le repite a un subordinado que usa la máquina copiadora. Un tono grave comunica poder, autoridad y confianza. Un tono agudo revela inseguridad y nerviosismo.

Calidad

La calidad implica cosas tales como un sonido velado, una discordancia tensa, ronquera, tonos nasales, o un sonido profundo y resonante. La calidad se mide también por debilidades tales como la pronunciación indistinta de las palabras, la articulación de ciertos sonidos, los acentos y otros. Usted puede poner una sonrisa o enojo en su voz. La calidad es muy subjetiva y es el oyente quien la determina.

Practique para poner una sonrisa en su tono. Los oradores nerviosos se concentran tanto en el contenido que se oyen y se ven demasiado serios para la ocasión. He oído a conferenciantes que explican los procedimientos para completar un ejercicio de una manera tan solemne como si estuvieran dando la apología en un funeral. La idea es combinar la calidad de la voz con el contenido.

Además, debe asegurar el control de su respiración para completar cada frase vivamente, en vez de que sus palabras bajen al final. El control de la respiración le permite también acentuar las palabras más importantes y minimizar las menos importantes.

Por último, preste atención a la clara expresión de los vocablos, recordando que no debe eliminar las sílabas o letras finales de las palabras (*entonce* por *entonces*), y que debe darle el valor completo a todos los sonidos en las palabras.

Ritmo

El ritmo es la cadencia para hablar, ya sea rápido o lento. Ninguno de los extremos es correcto, pero usted debe conocer el pro y el contra de los dos pasos para determinar el efecto que usted quiere lograr. Un ritmo rápido muestra emoción y energía, y llama la atención de los oyentes para que no se pierdan lo que usted tiene que decir. Sin embargo, si habla con demasiada rapidez, sus oyentes tendrán dificultad en entender sus palabras.

Un ritmo lento para hablar pone drama y énfasis en los puntos clave. Da a los oyentes tiempo para reflexionar en lo que usted dice. Sin embargo, hablar demasiado pausado pudiera hacer que los pensamientos de los oyentes divaguen o pudiera dar la impresión de que usted no sabe lo que va a decir después o que no tiene suficiente información que dar. Debido a que escuchamos cuatro veces más rápido de lo que hablamos, una velocidad lenta pudiera despistar a su público completamente.

Por otra parte, la variedad es la clave. Para información seria, usted debiera hablar un poco más despacio; para una historia jocosa, un poco más rápido. Para auditorios grandes, hable lo bastante despacio como para que su sonido y movimientos hagan efecto en las filas de atrás. Para grupos pequeños e íntimos, debiera aumentar la velocidad un poco.

Para dar énfasis, varíe cualquiera de éstos: volumen, tono, calidad o ritmo. Una afirmación fuerte seguida por una suave. Un pronunciamiento profundo y solemne seguido por una súplica de tono alto pidiendo ayuda. Una articulación profunda, resonante, precisa de las ganancias del último trimestre seguida por una conclusión en lenguaje semipopular como "No hay nada que hacer". Un ¡viva! expresado rápidamente para el equipo de ventas, seguido por una lenta y sincera gratitud por sus esfuerzos.

Para rematar sus habilidades técnicas de la voz, recuerde el uso de los silencios. Nunca les tenga miedo a los silencios. Empleados eficazmente, puntualizarán su significado. Le dicen al público: "Ahora haga una pausa y medite en eso." O: "Siéntese derecho y tome nota del siguiente punto; es muy importante." Los silencios les ofrecen también a sus oyentes un descanso entre ideas.

Además, los silencios son eficaces para hacer que sus oyentes participen en la introspección. Haga una pregunta retórica y después haga una pausa, dándoles una oportunidad de plantear sus propias respuestas antes que usted siga adelante con la suya.

Los discursos sin pausas hacen que las ideas se confundan y dificultan al oyente para que distinga entre las ideas principales y las secundarias.

Tenga presente que su voz es el medio por el que trasmite su mensaje. Tiene que estar presente, pero no debe llamar la atención hacia sí mismo. Si cualquiera de esos aspectos — volumen, tono, calidad o ritmo — alejan la atención de su mensaje, su voz se ha convertido en un problema en vez de un recurso.

☞ 15. Haga sentir su presencia

No debe haber ninguna duda cuando usted haya tomado el control de la reunión o del debate. Piense en su público como visitantes en un parque de diversiones. Todos se han reunido y subido a la rueda mágica, y usted es el que prende el motor y los pone a dar vueltas. Si usted nunca se pone en marcha, sus pasajeros se quedan sentados y frustrados mental y físicamente.

El poder o la intensidad es el voltaje que su presencia lleva a la plataforma. Los oyentes tienen que sentirlo; ellos lo esperan con anhelo y responden de esa manera. Jesús tenía esa intensidad porque hablaba "como quien tiene autoridad" (Marcos 1:22). Cuando Él entraba en una sala, el público callaba para escuchar su mensaje. Su presencia mantenía la atención de las multitudes agotadas por el calor y el cansancio que estaban reunidas al pie de una colina. Las expresiones de su cuerpo y de sus ojos mostraban compasión y, a veces, condenación como cuando reprendió a los fariseos hipócritas. Definitivamente, Él hizo sentir su presencia cuando reprendió a los cambistas y los expulsó del templo (Mateo 21:12, 13).

Entonces ¿cómo captar la atención desde el principio? Lo hace con su postura y expresión corporal, sus movimientos delante del grupo, y sus comentarios de apertura.

En primer lugar, acérquese al frente con pasos firmes, que muestren propósito en vez de ir como si fuera arrastrado contra su voluntad. No imite la forma del "voluntario" que fue empujado por sus amigos hacia la plataforma para soportar los chistes de un comediante. Párese con el peso bien distribuido en ambos pies, no desplomado hacia un lado o apoyado sobre la mesa o el atril. Tome un instante para escoger su rumbo. Ponga las notas o medios visuales frente a usted. Ajuste el equipo que intenta usar. Después mire fijamente al público y haga una pausa. Salúdelo y después responda a la presentación, reconozca la ocasión o simplemente comience su discurso.

Esos pocos segundos de apertura son cruciales; aquí es donde sus oyentes lo evalúan y deciden si vale la pena escucharlo a usted. Cuando abra la boca, la mitad de su oportunidad de hacer una buena impresión se habrá ido ya.

Recuerde también que el público pudiera haber estado observándolo antes que usted "haga uso de la palabra". Mientras espera su turno, no esté manoseando la ropa, arreglándose el pelo, barajando sus notas o reacomodando los medios visuales. Esas actividades denotan falta de interés y respeto en los procedimientos en curso, como si estuviera esperando el comienzo de lo más importante: usted mismo.

Si el que lo está presentando es particularmente florido, evite los ojos del público y sólo sonría al que lo presenta como reconociendo que las palabras son un poco exageradas. Su primer contacto con el público debe ser cuando usted se ponga de pie delante de él.

Otro aspecto importante antes de hacer uso de la palabra son sus comentarios de apertura; los que ofrece antes de la exposición de su material. Por ejemplo, reconocer la presentación o la ocasión. O antes de comenzar felicitar al público, o decirle que se sienta cómodo. Sobre todo, evite las frases hechas de apertura que lo marquen como un hipócrita o un individuo que no se esfuerza por poner en orden sus pensamientos.

> **Gracias, Juan Celis. Señoras y señores. Miembros del comité. Gracias por su amable presentación. También agradezco su invitación y me siento muy complacido de estar con ustedes en esta feliz ocasión en su maravillosa compañía. Además agradezco el que me hayan incluido en esa exquisita comida.**
>
> **Evite frases hechas de apertura**

En vez de las frases formales, comience con algo fresco. Diga lo que está pensando y dígalo con sinceridad. "Gracias por esa presentación" es adecuado y apropiado para la ocasión. Puede añadir la razón por la que está en el programa o decir por qué va a hacer su exposición, felicite al público, mencione la importancia del tema que ha de tratarse, o comente acerca de su estado de ánimo o de su personalidad y cómo se relaciona eso con la ocasión, el tema o el público. Si usted es particularmente ingenioso, puede referirse a un incidente, chiste u ocurrencia más temprano en el programa que se relacione con sus comentarios de introducción. Algo improvisado siempre impresiona al público con su ingenio y su frescura, y su disposición a alejarse de lo tradicional.

Hágase cargo totalmente con la postura, la expresión del cuerpo, la mirada atenta al público, la voz, el tono y los comentarios originales. No abarque su tema de manera tentativa. Proyecte una actitud de esperanza y vehemencia. Actúe con seguridad. Hágale saber al público que usted ha ido a darle algo de valor y que está por exponer un tema que resultará beneficioso para ellos si lo escuchan con atención.

☞ 16. Déle participación al público

Usted tiene que crear de alguna manera la participación del público. Para que el público participe pudiera hacer una encuesta de opiniones, pedirle que levante la mano para indicar que está de acuerdo o que discrepa, sugerir juegos o actividades, o simplemente formular una pregunta retórica o de otra clase. Jesús con frecuencia formulaba sus conceptos en forma de preguntas: "¿Y vosotros quién decís que soy?" (Lucas 9:20). "Simón, hijo de Jonás, ¿me amas más que éstos? (Juan 21:15). ¿De quién es esta imagen, y la inscripción?" (Mateo 22:20). Las respuestas de los oyentes llevaron a mayores lecciones y con frecuencia a una entrega personal. Nunca subestime el valor que tiene el que sus oyentes participen en su conferencia.

☞ 17. Termine de manera impresionante

No termine con un gemido. Todos hemos oído a conferenciantes que mascullan sus últimas palabras cuando comienzan a recoger sus notas y medios visuales y las estrujan contra su cuerpo. "Me parece que es todo lo que tengo que decir. ¿Alguna pregunta?" es una frase que agregan como pensamiento final sin hacer nunca contacto visual con el público. Luego se escurren hacia su asiento, desviando la mirada hasta que alguien más entra en escena y toma el control de la reunión.

Usted lo puede hacer mucho mejor. En primer lugar, para dar una buena impresión al final, debe dejar al auditorio con una línea de cierre conmovedora (los consejos para hacerlo vienen en la tercera parte). En segundo lugar, deténgase cuando haya terminado. No, no es lo mismo. Algunos conferenciantes tienen el hábito de terminar con la conclusión que han preparado y después siguen mascullando, volviendo a explicar, añadiendo, repitiendo los mismos puntos de manera anticlimática.

Abraham Lincoln comentó una vez: "Él puede comprimir

una abundancia de palabras dentro de la idea más insignificante de cualquier hombre que yo haya conocido."

Hasta el escritor de Eclesiastés comentó sobre el fenómeno: "No te des prisa con tu boca ... porque Dios está en el cielo ... por tanto, sean pocas tus palabras" (Eclesiastés 5:2). Decir más de lo necesario es un grave error. Recuerde que el Padrenuestro tiene sólo setenta y una palabras, los Diez Mandamientos tienen doscientas ochenta y nueve palabras, y el discurso de Lincoln en Gettysburgo sólo doscientos setenta y una palabras. Usted seguramente ha descubierto que quienes tienen los mejores mensajes por lo general los presentan con pocas palabras.

Cuando haya expresado su pensamiento, deténgase sencillamente. No le añada nada. No masculla. Sonría y "cierre el negocio" físicamente. Haga una pausa y mire a sus oyentes con un último pensamiento de confianza, ya que ellos estarán de acuerdo con lo que acaba de decir usted. Después recoja sus notas y aléjese de la misma manera deliberada y llena de propósito con la que se dirigió al grupo.

Considere su conclusión con la misma seriedad que usted espera de una aerolínea. Aterrice a tiempo y con precisión.

Para resumir: Preste atención a la actitud y a los rasgos de la personalidad que sean evidentes para su auditorio: integridad, autenticidad, entusiasmo, humildad, un tono de "todos estamos de acuerdo en eso", buena voluntad y un deseo de dar algo de valor, un sentido de buen humor, y la ropa apropiada.

Para cultivar un estilo de expresión natural, haga de su discurso una *actuación* tanto como una *conversación*: Hable en vez de leer. Use palabras sencillas y frases cortas. Use lenguaje vívido y específico. Hable de "ustedes" y "nosotros". Evite las frases hechas. Use un estilo familiar y lenguaje popular cuando sea apropiado, pero evite la mala gramática.

Suponga que tiene un público amable. Preste atención a su propia expresión corporal. Ponga variedad en su voz: volumen, tono, calidad y ritmo. Haga sentir su presencia. Déle participación al público. Y finalmente termine con una buena impresión.

La planificación y organización del mensaje

A vuelo de pájaro, esto es lo que se necesita para preparar cualquier discurso:

- Determine el propósito de su conferencia.
- Analice a su público.
- Reúna su información.
- Componga una frase resumiendo su idea principal para que le sirva como de guía.
- Bosqueje su información, incluso una buena apertura, transiciones entre puntos clave y un cierre.
- Escriba un primer borrador del manuscrito (opcional).
- Revíselo y púlalo (opcional).
- Cronometre su manuscrito o discurso bosquejado.
- Prepare sus medios visuales.
- Prepare sus notas o bosquejo de su discurso.
- Practique
- Destruya su manuscrito y presente su mensaje.

¿Cuán necesaria es toda esa preparación? ¿Por qué no improvisar como dicen los menos preparados? Considere nuestro modelo. Jesucristo pasó treinta años de su vida preparándose para su ministerio y sólo tres años enseñando y predicando. La misión de su vida, desde luego, confirmaba la necesidad de esa intensa preparación. Pero aun cuando nuestra misión sea menos abarcadora, requerirá cierta preparación. Mientras está en la etapa de planificación de su proyecto de discurso, determine sus metas y ajuste su tiempo de preparación de acuerdo con ellas.

De igual manera que ocurre con las actuaciones olímpicas, se tiene que dedicar una gran cantidad de trabajo al discurso antes de enfrentarse al grupo. La necesidad de saber adónde va es tan estratégica en la comunicación como en el campo del deporte.

☞ 18. Determinando su propósito

Con sólo el hecho de estar presente, sus oyentes han hecho un esfuerzo por escucharlo. El grupo necesita su consejo, su información o su inspiración. Trate de pensar en el discurso como un producto o servicio que debe llenar un vacío en el mercado. Al igual que los publicistas antes de lanzar una nueva campaña de anuncios, considere su público cuidadosamente.

Pregúntese: ¿Por qué *yo*?

¿Por qué se le escogió a usted para presentar esa información o mensaje? ¿Qué cualidades o credenciales específicas tiene usted? Esa singularidad le dará la clave de los talentos que podrá usar en su conferencia. Por ejemplo, estaba usted particularmente allegado a un socio de manera que pueda contribuir con una profundidad emotiva a su discurso de despedida? ¿Es usted el experto que hizo el trabajo de investigación en un proyecto y puede responder a preguntas con mayor autoridad que ningún otro? ¿Es reconocido usted como una autoridad en algún tema en particular de manera que su nombre agregue credibilidad a ideas ya aceptadas? ¿Ha sufrido usted algún suceso trágico en su vida habiendo sido consolado por su fe en Jesucristo de manera que otros puedan recibir esperanza oyendo su experiencia?

Pregúntese: ¿Por qué *ellos*?

¿Por qué se ha reunido el grupo para oírlo a *usted*? ¿Le "pidió" su jefe, su esposa o a su hijo que asistiera? ¿Tienen ellos un interés personal en usted? ¿Tienen ellos un interés en el tema? O ¿querrán oírlo a usted para contradecir y subvertir sus esfuerzos y sus ideas? ¿Fueron a oír a alguien más y por casualidad usted estaba en el programa? ¿Es esa la reunión mensual de su organización y siempre asisten, no importa lo que pase? Una respuesta sincera a esas preguntas le dará ayuda esencial para determinar la clase de comentarios de apertura, qué tono, y qué orden en la presentación de sus ideas debe incorporar en su discurso.

Por ejemplo, Lee Iacocca realizó un intenso análisis de su auditorio cuando preparó su argumento para el Congreso en el nunca antes visto préstamo que sacaría a la Chrysler de la bancarrota. En su libro *The Manager's Complete Guide to Speech Writing* [Guía completa para el gerente en la preparación de discursos], el escritor de discursos, Burton Kaplan, nota el penetrante enfoque sobre el estado de ánimo y el interés individual de su auditorio. Se dirigía principalmente al Congreso; sin embargo, en segundo lugar, tenía que convencer a los contribuyentes, al Sindicato de trabajadores automovilísticos y a los compradores de autos en general. El Ministerio de Hacienda había calculado que si la Chrysler caía, el costo sería de casi tres mil millones de dólares durante el primer año en seguros de desempleo pagados a los trabajadores despedidos. Después de analizar cuidadosamente las posibles reacciones, Iacocca lo planteó de esta manera: "Ustedes, señores, tienen que decir. ¿Quieren pagar casi tres mil millones ahora, o querrán garantizar un préstamo por la mitad de esa cantidad con una buena probabilidad de recobrarlo todo? Pueden pagar ahora o pueden pagar después."

Determine específicamente y con cuidado: ¿Por qué yo? ¿Por qué ellos? ¿Con qué propósito? ¿Qué quiero que sepan, decidan, crean, sientan, o hagan como resultado de mi discurso?

☞ 19. Analizando a sus oyentes

Después que haya determinado su propósito, usted querrá analizar a sus oyentes para que su propósito le parezca cercano a ellos. En algunos discursos, su propósito ya es específico para el público: "Quiero que las personas de este vecindario cambien las restricciones sobre la recogida de basura."

Sin embargo, en otras ocasiones su propósito general (hacer que la gente contribuya con dinero a los programas juveniles de la comunidad) pudiera necesitar estar más específicamente enfocado (hacer que los parroquianos de la Iglesia Cristiana Central den dinero al Proyecto Misionero Juvenil de Verano).

El principio es éste: si usted es un adulto soltero y lee una historia en el periódico acerca de un adolescente que murió en una motocicleta porque no llevaba puesto su casco de seguridad, pudiera sentir lástima, sacudir la cabeza y continuar leyendo. Pero si usted acaba de comprarle a su hijo de dieciocho años una motocicleta y ha tenido una discusión con él para que use un casco de seguridad, entonces prestará mayor atención a las estadísticas de seguridad para ver de qué manera podrá convencer a su hijo de que coopere con la ley.

La cercanía es la clave.

Las personas que planean reuniones y que llaman a los conferenciantes para contratarlos para auditorios de una compañía comentan con mayor frecuencia: "Queremos a alguien que sea específico sobre un tema. Queremos salir de la reunión con consejo específico de cómo hacerlo; no sólo una mezcolanza inspirativa."

Creo que usted encontrará que eso es especialmente cierto en la mayoría de los públicos; grupos profesionales que quieren respuestas acerca de la administración de su dinero o acerca de problemas matrimoniales, o el comité de su comunidad que quiere detener el uso de las drogas en su vecindario.

Por lo tanto, sea específico. ¿Cuáles son sus necesidades y deseos? ¿Quiere informar, persuadir, enseñar, inspirar o divertir?

¿Qué necesita saber usted?

Para comenzar, las respuestas a esas preguntas son clave par las varias ocasiones:

- ¿Cuál es la edad, sexo, raza, religión o inclinación política del público que asistirá?
- ¿Cuál es la proporción de hombres y mujeres?
- ¿Cuáles son sus antecedentes académicos?
- ¿Cuál es su profesión?
- ¿Cuál es su experiencia de trabajo: técnica o no técnica?
- ¿Cuál es su nivel salarial?
- ¿Qué tienen en común los estilos de vida de las personas?
- ¿A qué organizaciones pertenecen?
- ¿Cuál es su motivación para oír el discurso?
- ¿Cuáles son los prejuicios y predisposiciones acerca del tema?
- ¿Cuáles son los problemas actuales o retos de ese grupo?
- ¿Cuáles son sus metas y deseos?
- ¿Cuáles son los sucesos significativos relacionados con esa reunión, corporación, ciudad u organización?
- ¿Hay algún tema o asunto tabú?
- ¿Apreciarían el buen humor o es esta una ocasión solemne?
- ¿Cuál es su estilo para aprender? ¿Ver, oír o hacer?
- ¿Cuáles son sus actitudes acerca de asistir a su conferencia? ¿Pasiva? ¿Fingida? ¿Competitiva con usted o uno con el

otro? ¿Unida con usted y los demás del grupo? ¿Manipulada por tener que asistir o participar quiera o no quiera? ¿De resistencia a sus ideas y filosofía? ¿Temerosa de no poder entender lo que usted está diciendo? ¿Animada a adoptar sus ideas? ¿Ávida de probar su información? ¿Incómoda por los arreglos físicos?

- ¿Cuántas personas habrá en el público? (Eso determinará el uso de medios visuales, arreglos del salón y posibilidades para la interacción.)
- ¿Cuál es la disposición de la sala? ¿Se puede alterar?
- ¿Cómo vestirá el público?
- ¿Qué temas han tocado los otros conferenciantes en el programa (o en el pasado) y cuál fue la reacción del público?
- ¿Cuál es el tema de la reunión?
- ¿Habrá un período de preguntas y respuestas?
- ¿Habrá invitados, personas importantes especiales, la prensa?

¿Cómo se obtiene la información?

Puede comenzar con la persona que lo invitó a pronunciar el discurso. Y sea específico. No: "¿Pudiera decirme algo acerca del grupo?" Sino: "¿Qué detalles específicos me puede dar acerca del grupo que me ayuden a personalizar mis comentarios a las necesidades y estados de ánimo de los oyentes?" Y después esté preparado con su lista escrita de preguntas, si es necesario.

Pero no se detenga con el coordinador de la reunión. He descubierto que con frecuencia el coordinador sabía muy poco acerca del auditorio o tenía una perspectiva totalmente opuesta del propósito de la reunión así como del interés y el nivel de conocimiento de los que asistirían.

Diríjase a los miembros o posibles miembros del auditorio para preguntarles lo mismo. Sus métodos pudieran ser formales o informales; pero usted necesita esta información de todos los grupos: colegas del trabajo o miembros del grupo de estudio bíblico. Adelántese y llame por teléfono a unos cuantos, examine a todos los miembros del grupo con un cuestionario formal, o deténgase a la entrada y charle con ellos a medida que lleguen.

Otras fuentes de información general son literatura publicada por el grupo o por lo menos ofrecida por la organización, copias de programas pasados y evaluaciones y rumores acerca de las reacciones en reuniones pasadas.

Además de esos esfuerzos por analizar a sus oyentes, tenga presente que todos los públicos tienen una vida y personalidad propia. El fenómeno de la interacción entre esas personas las puede convertir en un público que está pendiente de cada palabra que sale de su boca. O la combinación de personalidades puede hacerlos conformarse a la pasividad de unos cuantos líderes. No obstante ese fenómeno de sinergia de último minuto, haga todo lo posible para saber todo lo que pueda acerca del grupo.

20. Reduciendo sus ideas a puntos clave

Contrario a lo que usted pudiera pensar, el problema más frecuente será el de reducir sus ideas a algunos puntos y no tanto el de tener suficientes ideas. Para la mayoría de las ocasiones comerciales sus puntos clave están ya casi supuestos con el propósito de la reunión.

Sólo recuerde que en estos días de comerciales de treinta segundos, rellenos periodísticos de doscientas palabras, propaganda en revistas de una frase, revelados de fotos en una hora, lavado en seco de una hora, y entregas de pizzas en treinta minutos, sus oyentes apreciarán la brevedad.

El bolsillo de las corporaciones lo apreciarán también. Calcule el salario de los que se reúnen para oírlo a usted, y pregúntese si cada punto vale equis dólares por minuto.

21. Recopilando información e ideas

La tarea es mucho más fácil si usted tiene un archivo activo de notas y recortes. Aunque usted no sea un orador profesional en el circuito de conferencias, es probable que tenga interés personal y profesional en ciertos temas. Mantenga una archivo de chistes, citas, estadísticas y anécdotas acerca de su tema. Anote la fuente al margen del recorte y métalo en la carpeta.

Otra fuente es su experiencia personal. Saque de su propio caudal anécdotas, conversaciones escuchadas, reacciones a problemas, sentimientos y chistes que reforzarían los puntos principales que usted desea hacer en su discurso. Muchas personas mantienen un diario de experiencias, conversaciones o aconteci-mientos fascinantes que han presenciado. Nunca se sabe cuándo uno de ellos será la ilustración precisa que se necesita para ir al grano e identificarse con el público.

Luego vaya a sus amigos y conocidos y pregúnteles si han tenido experiencias similares. Se sorprenderá de cuántas anécdo-tas recopilará para reforzar sus puntos si lanza el tema en la mesa a la hora del almuerzo.

Por último, pregúntese qué expertos sabrían ciertos hechos, estadísticas, o situaciones. Si usted quisiera saber el tamaño pro-medio de zapatos vendidos a las mujeres, pregúntese quién ten-dría razón de saber eso. ¿Los fabricantes de calzado o las tiendas de zapatería? Si usted quisiera saber el número de abortos en los Estados Unidos el año pasado, pregúntese quien lo sabría. ¿El Ministerio de Salud, Educación y Bienestar Social? ¿La clínica de abortos de la localidad? ¿Las agencias locales contra el aborto? ¿El orientador de la escuela? Llame a la biblioteca o a la universidad local para obtener permiso para citar a un profesor o fuente publicada. Cualquiera que sea el tema o necesidad, algún experto lo sabrá.

☞ 22. Evitando escollos ocultos en la planificación

Ahora que sabe dónde están sus oyentes y que ha recopilado información sobre el tema, está preparado para organizar las ideas en alguna clase de estructura. Cuando lo haga, mantenga presente estas pautas:

- Tenga cuidado con los acontecimientos impresos o to-mados de la televisión sin mención de su fuente. Si todo su punto descansa sobre cierto hecho, verifíquelo con más de una fuente.
- Atribuya las citas a la fuente correcta. Durante mi investiga-ción para otro tema, encontré una cita de Pascal (fuente correcta) atribuida a no menos de cuatro otros escritores: Teodoro Roosevelt, Andrés Jackson, Mark Twain, Winston Churchill. Los libros de referencias son sumamente confia-bles. La memoria no.
- No tome una situación extraordinaria para usarla para "pro-bar" su punto clave.

- Evite generalizaciones radicales de opiniones sin respaldo.
- No saque las cosas fuera de su contexto. La tentación es grande de agarrar una historia clave o comentarios de un profesor universitario, un autor, u otro experto reconocido y llenar los espacios con muchas suposiciones. Es muy bochornoso cuando alguien en el auditorio le llama la atención a que el experto que usted citó realmente apoya la idea opuesta.
- Formule su presuposición desde el principio.
- Considere la validez de otras posiciones sobre un asunto; aunque no presente los puntos de vista opuestos, usted tendrá un análisis más completo y justo del tema.

Sí es mucho trabajo y es molesto revisar dos veces. Pero usted tiene la responsabilidad y la motivación de poner el tiempo extra para ser creíble. Una es Filipenses 4:8: "Por lo demás, hermanos, todo lo que es verdadero, todo lo honesto, todo lo justo, todo lo puro, todo lo amable, todo lo que es de buen nombre; si hay virtud alguna, si algo digno de alabanza, en esto pensad." Ese debiera ser todo el incentivo que usted necesite como cristiano. Como orador, usted está moralmente obligado a presentar la verdad sin engaño.

Una segunda consideración (pragmática) es la vergüenza que usted sentirá cuando alguien del público le llame la atención con respecto a su error.

🕮 23. Componiendo un resumen breve

Un resumen de una frase sirve de guía. Combina su propósito, su mensaje a su público, y lo que usted quiere que éste haga como resultado de su discurso.

Por ejemplo: "Nuestro centro de almacenamiento de registros ha colmado su capacidad. Ese almacén nos cuesta aproximadamente setenta mil dólares anuales para guardar información inútil. Recomiendo que revisemos nuestros programas de retención de registros, que limpiemos nuestros archivos actuales, demos por terminado nuestro alquiler del almacén, y comencemos una campaña de reducción de papel. Calculo que en tres años podremos reducir el costo de papelería en casi dos millones de dólares. Necesito su aprobación para realizar estos cambios."

Con una guía comprensiva de esa naturaleza en el inicio, su conferencia se compone prácticamente sola. En ese ejemplo, usted podrá ver los puntos clave de apoyo que necesitará: (1) Situación actual de desperdicio y costo; (2) programas de retención de registros, actuales y propuestos; (3) qué hacer para limpiar los archivos actuales; (4) detalles para la terminación del alquiler; (5) pasos y costo en el quehacer de la campaña de reducción de papelería; (6) cálculo de ahorros; (7) aprobaciones necesarias.

La composición de un resumen breve es *el paso más importante* que pueda dar para asegurar una presentación eficaz. La mitad de la preparación está lista con este punto.

☞ 24. Estructurando una apertura, un cuerpo y una conclusión

El siguiente paso es estructurar sus ideas. Escriba los puntos clave que ya tiene para apoyar el enunciado de su mensaje. Después haga una lista de preguntas que el público tendrá con respecto a su tema. Deje las notas por unos días y permita que el subconsciente reflexione sobre las ideas. Cuando piense en subpuntos, ilustraciones adicionales y secciones, inclúyalos en el grupo de primeras notas. Cuando esté listo para hacer un bosquejo formal de sus ideas, saque el archivo y clasifique las ideas en algún orden lógico (como se explica en la siguiente sección). Deseche lo que no tenga sentido ahora que el pensamiento está despejado. Escriba un bosquejo formal bajo estas categorías: apertura, cuerpo y conclusión.

Tres cosas más antes de despegar: tono, título y tiempo.

☞ 25. Determinando el tono apropiado

¿Quiere ser formal? ¿Simpático y gracioso? ¿Ameno? ¿Chistoso? ¿Informativo? ¿Persuasivo? ¿Entretenido? Las decisiones aquí afectarán su elección de palabras, anécdotas, y hasta sus puntos clave y detalles de apoyo.

Descarte cualquier información que lo lleve a un tono indebido.

☞ 26. Seleccionando un título

Las conferencias de negocios con frecuencia no requieren título. En otros ambientes, el título es el mejor indicador para el público de cómo debe reaccionar a su discurso. El título generalmente le dice si la charla será informal o seria, informativa o de entretenimiento. Los títulos pueden hacer que su auditorio adopte una actitud, poner en duda la actitud de éste, desafiar una suposición, pronosticar resultados o el futuro.

Para los títulos puede valerse de una cita bien conocida, parafrasear un pensamiento o título famoso, o simplemente describir un tema de una manera clara. Quizás usted quiera que su título despierte la curiosidad o que sea informativo. Cualquiera que sea el título que escoja, debe hacer dos cosas: llamar la atención y describir su tema correctamente. Usted no quiere que su auditorio se desilusione por no entender sobre qué está hablando

Su título pudiera cambiar mientras prepara su discurso; pero procure seleccionar uno en la etapa de planificación para que se pueda referir a él como la guía para los puntos de enfoque y el tono general.

☞ 27. Planificando su tiempo

No se quiere una introducción que dure diez minutos cuando el discurso total es de sólo veinte minutos. Mantenga presente la proporción de las tres partes (apertura, cuerpo y conclusión). Para una conferencia de una hora, una introducción de cinco a diez minutos pudiera ser apropiada. Para una despedida de dos minutos a un colega no querrá pasarse un minuto diciendo por qué lo escogieron para pronunciar el discurso. El asunto del tiempo también se aplica a los puntos clave de su discurso.

El tiempo es igual a importancia. Asegúrese de que cada punto tenga el tiempo que merece; ni más ni menos.

Sea como fuere, usted no querrá que alguien le anuncie que su tiempo se acabó cuando todavía está en el segundo de cinco puntos. La aprehensión del público aumentará junto con la de usted.

La historia de la creación en Génesis se relata en sólo quinientas treinta y siete palabras. El Padrenuestro es nuestro modelo de oración en sólo setenta y una palabras. Planifique su discurso de acuerdo con la importancia de su auditorio.

> "La multiplicidad de palabras indica pobreza de pensamiento."
>
> "Ningún discurso es absolutamente malo si es lo bastante corto."
>
> "A muchos se les acaban las ideas antes que las palabras.
>
> E. C. McKenzie

28. La "apertura de la apertura"

Ahora que tiene el título, el tono y el tiempo, organice sus ideas en un todo más coherente: una apertura, un cuerpo y una conclusión.

En primer lugar, considere dos clases de aperturas. Le llamo a una la "apertura de la apertura". Es decir, la primera apertura es más o menos una reacción o comentario sobre la ocasión en sí, mientras que la segunda introduce su tema. A veces se pueden combinar fácilmente.

La apertura es primordialmente para atraer la atención. Las cadenas de televisión gastan muchísimo dinero en títulos atractivos, música llamativa y anuncios fascinantes sobre la historia para mantenerlo sintonizado para la siguiente función. Su propia introducción elaborada ganará o perderá a sus oyentes.

La apertura también debe establecer afinidad con el público. Éste debe querer oírlo; porque piensa que usted lo pude ayudar, divertir o informar. Por lo menos, querrá saber que usted se identifica con sus sentimientos, actitudes o valores. Por lo tanto, usted tiene que establecer su credibilidad con el público de inmediato. ¿Por qué debiera escucharlo? ¿Cómo es usted semejante (o diferente) a él? ¿Qué lo califica a usted a hablar sobre el tema?

En tercer lugar, la apertura establece la dirección general de la situación y le permite a su auditorio saber lo que está por suceder. Ese control lo tranquiliza y le da una razón para escuchar.

Para despertar el interés. Para establecer afinidad y credibilidad. Para dar dirección. Con esos propósitos en mente para abrir, usted puede comenzar con la apertura del tema o con su "apertura de la apertura".

En esta última se puede hacer lo siguiente.

Reaccionar a la presentación que otro hizo de usted: "Aprecio los comentarios acerca de mi trayectoria en el circuito. Eso tiene que ser suficiente para mantenerme humilde durante los siguientes diez minutos." (Permite al público identificarse con su turbación.)

Revele algo de usted mismo: "Ya que Alex sacó a relucir asuntos de su *alma mater* en sus comentarios, estoy seguro de que ustedes no sabían que salí en el anuario en mi último año de universidad en la página de 'Los más probables . . .' Más probable de mandar más ropa a la lavandería de lo que mi vestuario permite. ¿Ha mandado usted alguna vez todas sus camisas blancas a la lavandería en el mismo día? ¿Y con tan mala suerte que desaparecieran en el agujero negro en el cuarto de atrás? Bueno, adivinen qué. Esta mañana . . . (Hablar de sus desastres lo hacen humano y vulnerable, para que el público se pueda identificar con usted.)

Comente sobre la ocasión especial: "Los felicito en su aniversario de plata en el servicio médico a la comunidad. O: "Me complace poder participar en su emoción con la dedicación del nuevo edificio de su iglesia." (Una expresión cordial inspirará a su auditorio.)

Recuerde una fecha o causa especial: "En esta fecha de aniversario del accidente de tránsito donde tantos de nuestros colegas perdieron la vida, quiero que conste que soy uno de los que recuerdan su sacrificio." O: "Este mes marca el aniversario de los dos años de sociedad entre nuestras compañías. Hemos visto cambios en . . . (Una experiencia común compartida con el público evoca sentimientos positivos.)

Felicite al público: "Muchos de ustedes han separado estos dos días para la reunión a gran costo de sus propios horarios; han puesto el cuidado por encima de su comisión de ventas." O: "Entiendo que su organización ha ganado cuatro premios por distinción en publicidad." O: "Gracias por su amabilidad en pedirme que me una a ustedes este fin de semana para el torneo de golf." (Toda esas son expresiones cordiales para el público.)

Responda a la actitud del público: "Sé que me dirijo a un grupo que tiene una opinión sobre este tema, y aprecio su disposición a oír mi punto de vista." O: "Me doy cuenta de que algunos de ustedes tenían otras cosas urgentes en su programa para esta tarde hasta que su supervisor cambió los planes y les pidió que escucharan esta conferencia. Pero les aseguro que el asunto es muy importante para su futuro aquí." (Comentarios semejantes despiertan el interés y muestran sinceridad en su planteamiento y comprensión de sus puntos de vista o condición.)

Refiérase a algo anterior en el programa: "Mientras Jorge contaba sus peripecias, recordé mis propias frustraciones con las actitudes administrativas." O: "Entiendo que el programa de las reuniones en los últimos cuatro años estuvo centrado en . . . Quiero continuar ese mismo énfasis con una nueva perspectiva." (Esas reflexiones muestran interés en la organización y el relato de experiencias anteriores.)

Cuénteles acerca de su viaje de llegada: "Ustedes pensarán que es fácil manejar desde las afueras de la ciudad hasta el centro a las cinco de la mañana. Bueno, al parecer esta mañana se estableció algún récord" (El mencionar que usted es susceptible a los mismos problemas que ellos hace que usted se vea más humano y con frecuencia añade humorismo.)

Reflexione sobre por qué fue escogido para la conferencia: "No sé por qué Marta me pidió que expusiera estas ideas cuando tantos de ustedes están igualmente calificados para hacerlo. Quizás ella quería la perspectiva de un padre sobre el asunto sin tomar en cuenta el costo que implica la toma de decisiones." O: "No soy un erudito en Biblia, como pronto lo verán, de manera que no podré citarles capítulo y versículo con mis ideas. Pero creo que soy experto en lo que tiene que ver con alguien que ha sido perdonado muchas veces." (Esa declaración de apertura despierta la curiosidad y muestra su comprensión de la situación.)

Reconozca a personas clave en el público: "Antes de comenzar, quiero agradecer al vicepresidente Jordán Moore por estar aquí esta noche dando su apoyo a esta causa tan especial. Se ha debido a su participación personal el que se hayan abierto los canales que hemos necesitado para organizar este movimiento en toda la comunidad comercial de la localidad." (Ese comentario muestra admiración e identificación con el punto de vista del público.)

Exprese su placer de ser el orador: "Quiero que sepan que he esperado con anhelo esta oportunidad de dirigirme a ustedes esta noche. Muchos de ustedes son viejos amigos que han contribuido para que me vea bien a lo largo de los años." (El expresar su anhelo de estar con ellos hace que el público se sienta halagado y le indica que usted viene preparado.)

Con cualquier apertura de la apertura, mantenga breves sus comentarios, no más de dos o tres frases, antes de entrar en la verdadera introducción de su tema.

☞ 29. La apertura

Una vez que ha establecido su afinidad, hágales saber de inmediato a sus oyentes que se beneficiarán oyendo lo que usted tiene que decir. Si está tentado a dar vueltas y vueltas con los preliminares, mantenga presente que ellos están preguntándose siempre: "¿Qué hay para mí en esto? ¿Debiera retirar mi apoyo? ¿Salir a tomar café? ¿Alcanzar a María Escolar antes que se vaya de la oficina?"

Además, usted tiene varias opciones para despertar el interés en su tema.

Haga una pregunta retórica: "¿Será posible no volverse a deprimir nunca más por cualquier razón?" O: "¿Podemos mejorar los beneficios de los cuidados para la salud de nuestros empleados por menos dinero del que pagamos ahora? Me gustaría presentar algunas cifras."

Haga una declaración notable: "Una de cuatro niñas entre diez y diecinueve años de edad será agredida alguna vez en su adolescencia."

Cite a una autoridad: "El apóstol Pablo tenía confianza en su fuente de amor: 'Estoy seguro de que ni la muerte, ni la vida, ni ángeles, ni principados . . . ni ninguna otra cosa creada nos podrá separar del amor de Dios, que es en Cristo Jesús Señor nuestro' (Romanos 8:38, 39)."

Desafíe al público: "Los animo a que salgan esta noche transformados en cuanto a su actitud acerca de la pobreza de nuestra comunidad." O: "Los exhorto a que establezcan una cuota para su territorio de ventas que motive hasta su mejor representante."

Declare su propósito: "Mi propósito es puramente confrontarlos a ustedes con ambos lados del tema político." O: "Después que usted vea nuestros diseños, quiero su aprobación sobre el financiamiento para comenzar de inmediato la construcción."

Informe a su público: "Tengo tres puntos para esta noche: La población de edad escolar ha aumentado en un cuarenta y ocho por ciento en los últimos trece meses. No tenemos instalaciones escolares adecuadas. Y tendremos que decidir entre un aumento de impuestos y una educación insuficiente para nuestros hijos que al final nos costará millones en asistencia pública, crímenes y pérdida de salarios.

Ilustre una actitud o produzca un buen estado de ánimo: "Con la clase de servicio que proporciona nuestro centro de apoyo, hacer una visita de ventas es como caminar por un campo de cohetes con un fósforo encendido en el bolsillo de atrás. Ayer un cliente al que le había prometido una entrega para el primero de agosto me echó mano de la solapa y me amenazó con una demanda judicial. En Atlanta, no andan mejor las cosas . . ."

Presente una estadística sorprendente: "Hemos gastado casi medio millón de dólares en los últimos tres meses en portes para envíos a ultramar."

Mencione una noticia de actualidad: "Las noticias de esta mañana nos bombardearon con historias referentes a la condición crítica de las víctimas de la inundación en Houston. No obstante, a pesar de ese último desastre, todavía tenemos que convencer a la mayoría de la población de la necesidad de seguros de todas clases: contra inundaciones, de salud, de incapacidad."

Hable de experiencias comunes con el público. "¿Cuántos de ustedes han ido a restaurantes de comidas rápidas por lo menos tres veces en la última semana?" Vea las manos levantadas. O: "Quiero contarles acerca de las condiciones en la cocina del lugar donde desayuné esta mañana, y usted mismo me dirá si no necesita presionar para que haya normas de inspección más estrictas."

Use un medio de ayuda visual: "Mire este collar contra el terciopelo negro. ¿Qué tiene que ver su destello con las condiciones mineras en Wyoming? Quiero señalar tres cosas que hacen a este diamante indeseable para nuestros compradores."

Defina un término: "PPC es un término que usted ha visto en el boletín de la compañía desde hace ya cuatro números. PPC. Pida el Próximo Comando. Usted cree que estamos hablando de computadoras. No, el término se refiere a . . ."

Compare o contraste dos cosas: "Los hombres miran los estantes del garaje y dicen: '¡Qué prácticos!' Las mujeres miran los mismos estantes y dicen: '¡Qué feos!' "

Explique el significado de su tema: "Cuando termine esta investigación, nuestros dietistas habrán recopilado el suficiente conocimiento nutritivo como para protegernos de cuatro enfermedades terribles."

Prometa ventajas como paz mental, dinero, satisfacción propia, realización, fe, amor, aprobación, éxito: "A la conclusión de esta conferencia usted tendrá a su disposición tres técnicas para aumentar sus ingresos con su pasatiempo."

Todos esos métodos pueden ayudarlo a establecer su credibilidad y despertar el interés. Hay varias introducciones semejantes en la Biblia. El discurso de Pablo en el Areópago comenzó: "Varones atenienses, en todo observo que sois muy religiosos" (Hechos 17:22). Los eruditos interpretan su significado de diversas maneras. Para algunos, es una afirmación provocativa y desafiante. De acuerdo con otras interpretaciones, su apertura fue un cumplido y una experiencia compartida con sus oyentes: su interés en lo sobrenatural.

Bernabé, en su presentación de Pablo a los discípulos, comenzó con un resumen informativo acerca de los hechos que rodeaban la conversión de Pablo (Hechos 9:27). En otras palabras, Bernabé comenzó con un: "No se imaginan lo que le sucedió a Pablo cuando iba rumbo a Damasco. Pues escuchen esto . . ."

Cuando habló con el eunuco etíope, Felipe subió al carruaje y comenzó con la pregunta "¿Entiendes lo que lees?" (Hechos 8:30). Su pregunta forzó una respuesta que lo llevó al verdadero punto de su fe personal.

Seleccione su apertura de acuerdo con su propósito, la ocasión y el público, y su tema. En realidad, puede usar la lista anterior para redactar varias aperturas posibles antes de tomar una decisión final.

Antes de dejar el tema de las aperturas, he aquí algunas cosas que debe evitar:

No comience rutinariamente con un chiste. Muy pocas aperturas humorísticas funcionan porque con frecuencia el humorismo no tiene nada que ver con el tema y sólo deja al auditorio en suspenso en cuanto a su pertinencia. Es como que alguien se le acerque en la calle con una gran sonrisa y los brazos abiertos y después se escurra avergonzado sin decir palabra cuando se dé cuenta de que lo había confundido con otra persona.

Aun una historia humorística que se relacione con el tema generalmente funciona mejor un poco más adelante en el discurso, porque al principio el público todavía está decidiendo cómo va a reaccionar con usted como persona.

No prometa algo que no pueda cumplir. Nunca debiera presentar beneficios imposibles de lograr. Si usted le promete a un auditorio una manera segura de perder quince libras en dos semanas y después no le dice nada que ya no haya intentado, se va a sentir muy defraudado. Si usted le promete a su jefe tres maneras de reducir el costo de los envíos, y ninguno de ellos resulta ser práctico en su ambiente de oficina, el jefe se alejará pensando que usted está desconectado de la realidad.

Por último, no comience con negativas. No se disculpe por no estar preparado. No se queje por los arreglos del salón. No denigre la ciudad. No ofenda con malas palabras o declaraciones perjudiciales.

En resumen, una apertura debiera despertar el interés y establecer afinidad y credibilidad con sus oyentes. Hay diversas maneras de hacer uno o ambos. La siguiente comparación debiera ilustrar el efecto que hace la apertura apropiada:

Bueno, no sé qué estoy haciendo aquí. Seguro que no era mi día de suerte o algo parecido. De todas maneras, creo que se supone que debo darles alguna actualización del estudio de Monroe. Costos de embarque. ¡Un momento! Sé que tengo mis notas en alguna parte. El punto esencial de nuestra investigación es que estamos gastando mucho dinero en las instalaciones de la planta. Y tenemos algunas sugerencias para hacer algunos cambios.

Frente a:

¿Quisiera alguno de ustedes imaginar el dinero que gastamos en envíos expresos durante el último trimestre? ¡Veintitrés mil dólares sólo en nuestra oficina de Monroe! Acaba de efectuarse una auditoría dirigida por una compañía de auditores independientes y se encontró que el ochenta y cinco por ciento de ese gasto fue un desperdicio: cargos de embarques que se podrían haber evitado si se hubiera programado debidamente las fechas topes de nuestra fabricación. Como resultado de ese estudio, tenemos tres recomendaciones que pudieran reducir los desembolsos a menos de tres mil dólares en los siguientes treinta días.

☞ 30. El cuerpo

Organice todo alrededor del mensaje central: el enunciado de una o dos frases que usted decidió sería su guía al inicio de su preparación. La mayoría de los discursos caerán en una de cuatro categorías:

- Informar
- Persuadir
- Inspirar/alabar
- Divertir

Para informar:

El ausentismo le costó a nuestra compañía dos millones de dólares el año pasado, y vaticinamos un aumento del treinta por ciento para el año entrante.

Para persuadir:

El ausentismo le cuesta demasiado a nuestra compañía; por lo tanto, propongo que comencemos programas que enseñen a reducir el estrés, prevenir enfermedades y a mejorar la salud en general, porque los empleados saludables pierden menos días de trabajo y son más productivos.

Para inspirar/alabar:

Nuestro empleado promedio pierde menos de 1, 2 días por año por razones de salud. Los felicitamos por su actitud progresista acerca de la nutrición y el ejercicio apropiados, y la buena salud en general. Le daremos un bono de quinientos dólares a todo empleado que tenga una asistencia perfecta durante el año.

Para divertir:

Cuidar la salud pudiera ser una tarea que requiere mucho tiempo cuando se es básicamente una persona perezosa. Me llevó una semana trazar una pista para correr en la entrada de mi casa. En realidad, un amigo mío me dijo el otro día que él se había llevado cuatro días para engrasar su bicicleta porque . . .

Quizá decida afinar el resumen de su mensaje para que encaje en una de las siguientes categorías. Después puede seleccionar sus materias de apoyo, razones o ilustraciones. Por ejemplo, vea las siguientes posibilidades.

Para informar: Mensaje clave
Realidad #1
Realidad #2
Realidad #3
Para persuadir: Mensaje clave/acción buscada
Razón #1
Razón #2
Razón #3
Para inspirar/alabar: Mensaje clave
Ilustración o realidad #1
Ilustración o realidad #2
Ilustración o realidad #3
Para divertir: Punto clave
Anécdota o ilustración #1
Anécdota o ilustración #2
Anécdota o ilustración #3

Variaciones para desarrollar el marco principal

Dentro de esas estructuras básicas, su tema pudiera dirigirlo a algunas variaciones como las de los siguientes arreglos:

Temático: "Recomendamos una combinación de procedimientos para permanecer saludable: nutrición, ejercicio, reducción de estrés, no abusar de sustancias químicas."

De mayor a menor importancia: "La manera más importante es la eliminación de drogas/alcohol. La segunda manera más importante es comer apropiadamente. La tercera manera más importante es el ejercicio apropiado.

Del problema a la solución: "El ausentismo nos cuesta dos millones de dólares anuales. La mayoría de las ausencias se relacionan con la salud. Necesitamos enseñarles a nuestros empleados a permanecer saludables y apoyar sus esfuerzos mediante instalaciones para ejercicios patrocinadas por la compañía, plan de comidas subsidiadas, y orientación sobre el abuso de sustancias químicas."

Cronológico: "En 1970 el ausentismo nos costó equis cantidad de dólares. En 1980 costó equis más. Este año que entra vaticinamos un aumento del quince por ciento a menos que tomemos acción inmediata. Sugiero un plan para el mantenimiento de la salud patrocinado por la compañía durante los siguientes tres años. En el primer y segundo trimestre del próximo año, podemos proporcionar . . . En la segunda mitad del año, podemos . . ."

Comparación/contraste: "Nuestro ausentismo es dos veces más alto que el promedio en la industria. Sin embargo, de manera sorprendente, nuestro empleado promedio es más joven, vive más cerca del trabajo y trabaja menos horas . . ."

Geográfico: "Nuestro porcentaje de ausentismo en Atlanta es . . . porque . . . En Dallas es . . . porque . . . En Minneápolis el porcentaje es . . . porque . . ."

Forma física: "En el ala norte, podemos acomodar una pista bajo techo. En el ala sur, podemos montar una cafetería . . ."

De causa a efecto/efecto a causa: "Los empleados trabajan con frecuencia doce horas al día y no tienen tiempo para hacer ejercicios cuando llegan a sus casas. Por lo tanto, no se toman el tiempo para preparar comidas nutritivas ni para hacer ejercicios . . . Nuestro empleado promedio pide ser trasladado cada seis meses debido al estrés en el trabajo. Creemos que este estrés se relaciona con fechas topes cortas, equipo de mal funcionamiento . . ."

Frecuencia: "La ausencia más común es causada por las infecciones respiratorias. La segunda más común es el virus estomacal . . ."

De más a menos difícil: "Nuestro reto mayor será pagar las instalaciones de salud. Nuestro siguiente reto más importante será encontrar asesores médicos calificados . . ."

Objeciones/respuestas: "La mayor objeción de la gerencia será el costo. Sin embargo, estudios en compañías semejantes a la nuestra muestran que la prevención en la salud cuesta menos que el ausentismo . . ."

Metas/pasos: "Nuestra meta principal es tener no más de una ausencia por empleado al año para finales de 1996. Estos son los tres pasos necesarios para . . ."

Realidad actual/cambio: "Actualmente damos a todos los empleados diez días de permiso por enfermedad al año. Bajo este nuevo plan, daremos sólo cinco días de permiso por enfermedad, pero ofreceremos un bono de equis cantidad por día de permiso no usado."

Característica/beneficios: "Esta bicicleta de ejercicios tiene una barra inclinable que . . . Esta característica permite a quien la monta que cambie de posiciones y ejercite diferentes músculos abdominales con sólo . . ."

Procedimientos: "El primer paso es nombrar un comité gerencial . . . El segundo paso es formar una junta asesora de empleados voluntarios . . ."

Narración: "Uno de nuestros gerentes, Juan Ramírez, notó el número de días perdidos por enfermedad después de semanas llenas de estrés en la planta de Leola. Algunos de sus empleados se presentaron . . ."

Descripción: "El servicio de comida incluirá . . . La sala de ejercicios tendrá cuatro máquinas remadoras, cada una diseñada para . . ."

Su discurso puede comprender uno o varios marcos diferentes. Por ejemplo, su marco principal pudiera ser del problema a la solución. Pero bajo su punto acerca de la nutrición adecuada, usted puede mencionar características que quiere consolidar en las instalaciones para la alimentación.

El propósito de dar una lista tan extensa es de generar algunas maneras para que usted piense acerca de su tema. Porque una vez que usted entienda la gran variedad de maneras disponibles para arreglar los detalles de apoyo, es probable que genere muchas más ideas de las que tendrá tiempo de exponer.

Entonces con su resumen global y sus puntos clave dentro de algún marco general, busque anécdotas, estadísticas, explicaciones, testimonios, hechos o ilustraciones para justificar y comprobar sus puntos.

🖙 31. Estrategias de persuasión

Antes de seguir adelante con la organización o el proceso de planificación, consideremos discursos específicamente persuasivos.

Estrategia #1: Un mensaje sin rodeos

Presente su recomendación/deseo de manera directa.

La mayoría considera los discursos persuasivos a un jefe o cliente como los más difíciles de todos porque hay mucho que se arriesga con la reacción del que escucha. Por lo tanto, los oradores caen en la común trampa de "establecer una base" antes de entrar en la acción o actitud clave de sus oyentes. Algunos oradores temen que sea demasiado fuerte presentar directamente una recomendación o declaración clave de la acción deseada.

En el mundo de los negocios, los que toman las decisiones se inquietan con los planteamientos atrasados. Se preguntan a dónde quiere ir usted y por qué es tan cauteloso. Incluso en otros ambientes, el planteamiento de "hubo una vez" hace que los oyentes comiencen a incomodarse. Ellos quieren el argumento en la *Guía de televisión* antes de decidir si mantienen la sintonía. En realidad, los compradores a menudo interrumpen a los vendedores que alargan su introducción sin ir al grano. "Discúlpeme, pero ¿exactamente qué es lo que vende?" No le oculte detalles necesarios al público.

Por lo general, el conocer de manera directa lo que se pretende consuela al auditorio y le ayuda a entender sus detalles justificativos sin suspenso.

Estrategia #2: Leer entre líneas

Decida si quiere refutar el otro lado del debate o si quiere simplemente justificar el suyo propio. Usted pudiera incurrir innecesariamente el enojo de los oyentes con puntos de vista opuestos si continuamente enfoca la insensatez del razonamiento de ellos. Usted pudiera tener más éxito elaborando simplemente su caso y dejando que ellos mismos se den cuenta de su error.

Estrategia #3: Solamente los hechos

Use lenguaje preciso y objetivo, no exageraciones infladas y reclamaciones vagas sin comprobar. "Noventa por ciento de los pedidos de 1989 fueron de compradores periódicos" es mucho más apegado a los hechos y persuasivo que "Belco puede satisfacer todas sus necesidades de computación".

Estrategia #4: Apelación negativa/positiva

Determine si usará una apelación positiva o negativa: "Usted vivirá más tiempo y se sentirá mejor si hace ejercicio" frente a "Si no hace ejercicio, las posibilidades de una enfermedad coronaria aumentan en un..."

Estrategia #5: Planteamiento de una sola vía

Evite los enfoques débiles con rodeos en declaraciones como: "No busqué las cifras exactas, pero..."; "No estoy completamente al día con esto, pero..."; "Bueno, sé que siempre hay dos lados de una historia, y usted probablemente encuentre lagunas en ésta; pero..."; "Entiendo lo que dice la gente de mercadeo y tiene su razón, pero mi punto es..."

Es probable que sus oyentes conozcan todos los lados y puntos. Por lo general, la mejor estrategia es concentrarse en el suyo, con los hechos y una preparación adecuada.

☞ 32. Transiciones

Una vez que haya decidido el marco de sus puntos clave, asegúrese de entrelazarlos todos. Las transiciones llevan a sus oyentes del punto A al punto B. Cada punto nuevo debe comenzar con un apreciación global y concluir con una declaración de puente que lleve al público al siguiente punto.

Ejemplo:

> (*Apreciación global*) "... No sólo es importante la reducción del estrés para la buena salud, sino también la nutrición apropiada." (*Puente*) "Se puede ver que el comer bien reduce las enfermedades del corazón y el riesgo de cáncer..."

Ejemplo:

> (*Puente*) "Quizá piense que todas esas medidas de prevención se oyen bien, pero ¿dónde encontrará el tiempo?" (*Apreciación*) "Bien, hemos decidido en tres

maneras para ayudarlo a mantenerse saludable sin alargar su día de trabajo. La primera es abrir una pista para correr ..." *(Puente)* "... De manera que la pista para correr estará abierta para final de año. Entretanto, una preocupación mayor que pudieran tener es ..."

Además de esas palabras de transición, hay varias maneras de indicarles a los oyentes que está por pasar a la siguiente idea: un resumen de los puntos hasta el momento en su discurso; una larga pausa; un cambio de lugar o posición para exponer su siguiente punto; un nuevo medio visual. Cualquiera que sea el método que use asegúrese de llevar a sus oyentes de un pensamiento al otro.

Las transiciones suaves aumentan la retentiva del oyente y son ejemplo de un discurso pulido y preparado. Las transiciones en un discurso son como los párrafos en una carta.

☞ 33. Conclusiones

"Y para concluir ..." cautiva la atención de los oyentes, pero usted como conferenciante quiere más. Usted quiere retención de lo que acaba de decir y con frecuencia quiere acción de parte de ellos.

Si su discurso es simplemente para informar, su conclusión pudiera ser sólo un resumen de los puntos clave. Si su propósito es persuadir, cambiar una opinión, tomar una decisión, aprobar una compra, apoyar una causa, alentar la participación, usted pedirá la siguiente acción específica: enviar un cheque, aprobar la transferencia, llenar la hoja de pedido, ofrecerse a donar sangre. La acción pudiera ser inmediata o demorada.

Si su discurso es para inspirar o alabar, usted querrá terminar con un resumen de su recomendación y sus expectativas del futuro. Aquí la idea fundamental es influir en las personas para que tomen una determinación o adopten un estado mental. Con frecuencia se cierra esa clase de discursos con una anécdota emotiva, una cita fogosa, o una predicción de dedicación y éxito futuro.

Puede anunciar su cierre con una frase como: "Para terminar nuestro análisis"; "Un pensamiento final"; "Los dejo con esta idea"; "Termino con dos desafíos"; "En síntesis, tenemos que ..."

> **"Un discurso es como una relación amorosa; cualquier tonto la puede comenzar, pero se requiere considerable talento para llevarla a su culminación."**
>
> **E.C. McKenzie**

Cuando el público oye esas palabras, se reanima porque usted pondrá orden a todo lo que ha oído. Usted hará que todo haya valido la pena llevando su pensamiento a una conclusión nítida lista para la decisión y la acción.

Piense en su discurso como un lazo; el final tiene que amarrarse con el principio. Si abre con una pregunta provocativa, respóndala en la conclusión. Si los sorprende con estadísticas en la apertura, dígales cómo pueden cambiarlas. Si comienza con una anécdota, dígales cómo pudo haber terminado diferente. Si comienza con un desafío, déjelos con el primer paso para responder al desafío. Si promete informar, dígales sencillamente lo que les dijo.

> **"No queremos dominar a otra nación. No pedimos expansión territorial. Nos oponemos al imperialismo. Deseamos la reducción del armamento mundial. Creemos en la democracia; creemos en la libertad; creemos en la paz. Ofrecemos a todas las naciones del mundo el apretón de manos del buen vecino. Los que quieran nuestra amistad que nos miren a los ojos y tomen nuestra mano."**
>
> **Franklin D.Roosevelt,**
> **hablando sobre asuntos internacionales**
> **Una conclusión fuerte simplifica un resumen pero de manera espectacular.**

Cualquiera que sea la técnica que elija, termine con una buena impresión y no con un quejido. Evite frases trilladas y débiles: "Creo que eso es todo lo que tengo que decir"; "Creo que he terminado a menos que tengan preguntas"; "Eso es todo lo que me pidieron que dijera"; "Siento mucho que el proyector no funcionó, pero espero que hayan captado la idea de cómo funcionará el transbordador"; "Ah, algo que se me olvidó decir antes . . ."; "Ah, están demasiado serios; relájense. Se trata sólo de un trabajo."

No pida disculpas en la conclusión, no se extienda demasiado, no saque puntos nuevos, no exponga detalles inconsecuentes, no cambie el estado de ánimo del grupo, ni se escurra sin una conclusión.

En vez de eso, dé una buena impresión. Refuerce su charla con un enunciado resumido, presente una apelación, refiérase al futuro, haga una pregunta retórica, cuente una anécdota, cite alguna autoridad superior sobre el asunto, o use un poco de humorismo relacionado con el tema.

Si la intención es tener un período de preguntas y respuestas (analizado en el capítulo 6), hágalo antes de exponer sus comentarios de conclusión. Su cierre debe ser el último recuerdo en la mente de sus oyentes.

34. Los toques finales

Ahora tiene apertura, cuerpo, transiciones y cierre. Ya casi ha llegado, pero este último paso es la diferencia entre un discurso mediocre y uno que haga efecto. Revise su bosquejo o manuscrito y analice dónde se puede pulir a la perfección con estos aditamentos.

Técnicas para hacer participar al público

Déles participación a sus oyentes mediante técnicas como preguntas, "encuestas" de opinión, demostraciones, mención de nombres en el grupo, petición de que se muevan físicamente. "¿Cuántos aquí han visitado nuestras oficinas centrales desde enero pasado?" hace que el público responda levantando la mano. "¿Cuántos de ustedes prefieren el clima caliente al frío? Levanten su mano" significa que cada oyente tiene que sintonizar el tiempo suficiente para que usted interprete la información que está recibiendo.

Preguntas como "¿Qué haría usted si . . ." o "¿Le ha pasado a usted alguna vez que . . ." hacen que el público piense con usted, aunque no tenga que responder abiertamente.

"Vuélvase a la persona que está a su izquierda y déle una

descripción en treinta segundos de su parte en el proyecto" dan más variedad y un toque personal a su propia apreciación global.

"¿Me puede dar alguien un ejemplo de este principio ético operando en su iglesia?" personaliza su punto a un auditorio en particular.

Al público le gusta participar, y por eso algunas personas se ofrecen voluntariamente para demostraciones con un objeto o procedimiento. "Sé que cada división tiene una persona que probablemente sobresale como mentor. Juana Gómez es una de esas personas" tiende a hacer que el grupo se vuelva para ver a Juana y a pensar por sí mismos. "Den vuelta a la silla para ver la pantalla en la parte de atrás de la sala" ofrece una actividad de cambio de paso a la monotonía de la palabra oral desde un ángulo fijo.

Mantenga presente que la participación del público funciona mejor cuando todos se sienten a gusto y tienen una opción. La presión para participar, aún para levantar la mano en respuesta a una pregunta, pudiera intimidar a algunos. Sea usted su propio animador, y no pida que los oyentes hagan algo que usted no haría. Ayuda tener un porte entusiasta.

Esta participación hace siempre que la información parezca fresca y personalizada para su auditorio.

Anécdotas

Las anécdotas particularmente eficaces, aquellas con las que el público se puede identificar más, son las basadas en sentimientos, apuros, disyuntivas, decisiones comunes. Aproveche sus propias experiencias, las de personas que usted conozca, o las de personas famosas narradas en sus biografías o comentadas en la televisión. Las anécdotas añaden interés a los puntos aburridos.

Analogías

Las analogías también aumentan la claridad y la retención. Cuanto más compleja sea la idea, tanto más importante es simplificar e ilustrar por comparación. Las analogías pueden hasta ofrecer un cuadro constante a lo largo de una sección de su presentación. Por ejemplo, piense en las veces que ha oído la comparación del ojo humano y todas sus partes con una cámara. Esa es una analogía o aclaración excelente.

No tenemos que ir más allá de las Escrituras. Quizá las analogías más conocidas son las parábolas bíblicas: Preocupación por el no arrepentido significa dejar las noventa y nueve ovejas para buscar la perdida. El gozo por el arrepentido se compara con el del padre cuando su hijo pródigo regresa de una "provincia apartada". Analogías visuales y emocionales como estas ayudan a los oyentes a ver y a sentir. Es obvio que el Maestro narrador apeló al hombre y a la mujer corrientes con emociones y percepciones universales.

Citas

Las citas hacen más efecto porque lo someten a una autoridad mayor que usted como orador. Las citas que llegan a imprimirse son generalmente sucintas y pintorescas, y cristalizan la idea clave mejor de lo que usted lo haría.

Cuando se prepare, revise las referencias que catalogan las citas por temas para encontrar el toque de admiración, o humorismo, que usted necesita. Y si en realidad quiere aumentar la credibilidad con su cita, levante el recorte de periódico durante su presentación y lea de él. Esa es autenticación en su mejor expresión.

Humorismo

El humorismo capta la atención como ninguna otra técnica. Y el buen humor comprende mucho más que contar un chiste. Pudiera ser un enfoque ameno de un punto, un comentario ingenioso y espontáneo, o una historia de autocensura. El propósito no es hacer que todos se mueran de la risa con relatos extravagantes y chistosos; el público no espera a un cómico de la televisión. Sólo un toque ameno para hacer que su observación sea suficiente e interesante.

Nunca use humorismo sin relación porque suena artificial y desconectado, distrayendo a sus oyentes de la observación en vez de reforzarla.

Sólo exponga el punto. Cuente la historia chistosa. Vuelva a enunciar el punto.

Gracias por su atención. Es obvio que algunos de ustedes saben oír, ver y callar.
Rich's Current Humor Newsletter
Julio, 1989

En cuanto al chiste, si no lo recuerda no le dé cuerda.
E.C. McKenzie

La mayoría de los conferenciantes de la actualidad constituyen algo así como el quién es quien de la industria. Yo estoy más en la categoría de quién es él.
Michael Iapoce

Recuerde que lo oportuno es la clave en el humorismo. Una palabra mal dicha, pronunciada en voz baja o fuera de lugar puede hundir el barco. Practique su pronunciación.

Los puntos humorísticos pudieran ser los únicos que recuerden sus oyentes. Esa realidad me ha dado en el rostro muchas veces a través de los años. En mis talleres de redacción con clientes de corporaciones, insisto en que la tensión y los cambios de estado de ánimo pueden alterar el significado de una frase. Para fortalecer ese punto, yo muestro una pequeña obra teatral humorística de dos minutos en video acerca de esa confusión y después advierto a los estudiantes acerca de los pilotos en las aerolíneas que anuncian: "Les damos las gracias por volar con Tal y Cual línea hoy." Dos años después de un taller, me volví a encontrar con uno de los asistentes. Él comentó sobre el valor del curso y me aseguró que todavía se acordaba del chiste de la aerolínea. Debo admitir que el toque humorístico en ese punto había sido sobresaliente. Pero para mortificación mía, ¡el chiste ilustraba el concepto menos importante de todo el curso! El humorismo tiene poder.

Otra historia que uso causa identificación con el público: acerca del desayuno a las seis de la mañana al que llegué tan cansada y agitada que, sin darme cuenta, me cepillé los dientes y me puse el maquillaje en el baño de los hombres.

Una disposición a relatar experiencias personales y hacer chiste de uno mismo son una fuente excelente de humorismo original que todos podemos sacar del pasado. El público aprecia el candor de usar sus propias debilidades y angustias para hacer una observación. Tenga cuidado, sin embargo, que las historias no sean jactanciosas en vez de chistosas.

Y recuerde que cuanto más larga sea la historia, tanto más cómica tiene que ser. Los lapsos de atención son cortos para un solo punto. Las historias largas pudieran terminar en desilusión cuando lleguen al clímax. Evite advertirle a su auditorio: "Aquí viene un chiste" con expresiones como "Eso me recuerda la historia de . . ." Comience de una vez y trate de hacer que parezca espontánea.

Aprenda siempre lo suficiente de sus oyentes para que pueda orientar su historia humorística hacia ellos, su punto de vista y su buen humor.

Fraseología pintoresca

Las metáforas, símiles, aliteraciones (repetición de sonidos), y repetición de palabras o estructuras dan lustre a un profesional. Jesús el orador maestro fue ejemplo en el empleo del lenguaje pintoresco en sus comentarios a los discípulos: "Apacienta mis ovejas" (Juan 21:17), y "Venid en pos de mí, y os haré pescadores de hombres" (Mateo 4:19). Sencillo, pero poderoso.

Sus intentos iniciales serán por lo general expresiones prosaicas. Pero a medida que practique su discurso, puede sustituir con frases más pintorescas e interesantes para hacer sus observaciones.

No descuide esos toques finales; pueden darle vida a sus ideas.

Ensayando
su discurso

Una vez que tiene un montón de notas en sus manos o un bosquejo completo y el borrador de un discurso, usted se sentirá mucho mejor para presentar un presupuesto nuevo a su jefe o una nueva línea de productos a su cliente. Las palabras en blanco y negro son aseguradoras y prometedoras. Pero todavía no está listo para expresar sus ideas. Ahora vienen las revisiones.

Si usted no se corrige a sí mismo *antes* de hablar, sus oyentes lo harán *mientras* usted habla. Si pareciera que tiene prisa o que está atrasado en el programa, y en peligro de no terminar a tiempo, ellos mantendrán un ojo en sus relojes y el otro en el montón de notas. Su ansiedad crecerá.

Así que ponga cómodos a sus oyentes y hágales ver que usted está en control de la información; no que la información lo controla a usted. La práctica y la sincronización son esenciales para el control. A pesar de la atención prestada al tiempo desde el principio de su preparación, necesitará su sesión de práctica como última verificación.

35. Midiendo el tiempo: Dónde y cómo añadir o cortar

Si mientras se ha preparado, ha mantenido presente la regla que "una página es igual a dos minutos", seguramente tendrá la duración total más o menos correcta. Pero tiene que hacer una consideración más: El tiempo debe indicar énfasis. ¿Está usando sólo treinta segundos en una razón principal para gastar diez mil dólares, y siete minutos en una anécdota en la introducción? Si la respuesta es sí, está a tiempo para reorganizar su información para que el tiempo corresponda con la importancia de las ideas.

Para recalcar una idea clave, explíquela en detalles. Añada

datos, cifras estadísticas, citas, anécdotas u otros detalles. Para alargar todo el discurso, busque puntos clave adicionales. No trate de poner más palabras a los puntos que estén ya bien hechos.

Por otra parte, podría descubrir que necesita cortar cierta información. Mantenga siempre presente el interés del público. Piense en su discurso como un mapa de carretera. Si lo que quieren sus oyentes es tomar el camino principal para llegar a su decisión/destino, no dibuje todos los caminos vecinales que encuentre. Eso sólo hace confuso el mapa.

El secreto para resultar aburrido es decirlo todo.

Voltaire

Acerca del exceso de información: Recuerde que la mayoría de las plantas caseras mueren por exceso de agua.

R. John Brockman

Cuando su discurso se extiende demasiado, la tentación es cortar lo bueno y dejar el esqueleto. Es decir, querrá retener todos los puntos clave y omitir las historias, las citas y los medios visuales. Recuerde que esas porciones ayudan a hacer que sus puntos clave sean interesantes.

Hay veces que su discurso se puede condensar sin dejar fuera nada de peso mejorando sencillamente el empleo de las palabras. Si ha preparado un manuscrito, mantenga conciso el lenguaje. Note lo sucintas que son las citas incluidas en este libro. Comunican las ideas en sustantivos y verbos. Los adjetivos y los adverbios confunden. De modo que, para un efecto más fuerte, retenga sólo el meollo de la idea.

Si prepara un manuscrito para leerlo o para practicar un discurso espontáneo, recuerde que una página (250 palabras aproximadamente) son como dos minutos de expresión oral. Para ser preciso, lea y cronometre su discurso varias veces. Tenga en cuenta que la tendencia es presentar su charla con mayor rapidez cuando practica que en la situación real. Por lo tanto, tenga en cuenta que un discurso escrito tomará más tiempo para expresar con improvisaciones, medios visuales, reacciones del público y comentarios espontáneos que el público recuerda.

Cuando practique, anote en sus notas o bosquejo el tiempo de cada porción de su discurso. Por ejemplo, si cierta anécdota toma tres minutos, anote eso en su bosquejo. Esas anotaciones le ayudarán a tomar decisiones espontáneas acerca de qué eliminar o añadir si va atrasado o adelantado durante el discurso real. Las distracciones, los comienzos tarde, las preguntas y otras interrupciones pudieran obligarlo a hacer ajustes sobre la marcha para terminar a tiempo.

Pero la medida del tiempo no es la única consideración en la fase de revisión. Hay otros puntos que pudieran necesitar atención.

Omita las generalidades, las frases hechas y las trivialidades. Presente puntos específicos y apóyelos con hechos. Sustituya las frases hechas con sus propias palabras. Además, las trivialidades hacen que los oyentes se duerman.

Use las estadísticas con cuidado. Ante todo, tienen que estar actualizadas. No hay nada que destruya la credibilidad como citar cifras que sean de diez años atrás. También asegúrese de que sus estadísticas no sean engañosas. Si las ganancias de la competencia aumentaron en cuatrocientos por ciento el año pasado, eso pudiera significar que haya vendido cuatro artículos en vez de uno. Los "promedios" con frecuencia son artificiosos. Se puede describir a un caminante cruzando un desierto a 51 grados y después zambulléndose en un arroyo de montaña a 5 grados, y concluir que la temperatura de sus vacaciones tuvo un promedio de 28 agradables grados.

Sea prudente en el uso de demasiadas estadísticas y redondee las que seleccione. Bombardear a sus oyentes con números los confunde de manera que no podrán recordar ni uno. Para hacer significativos los que ha seleccionado, preséntelos dentro del entendimiento de su auditorio.

Por ejemplo, un titular de cierto servicio noticioso dice: "Los impuestos cuestan 163 minutos por cada ocho horas de trabajo." Eso pone el "alto costo de los impuestos" en perspectiva; trabajamos casi tres de cada ocho horas para pagarlos. Después el escritor sigue ilustrando los otros hechos: el alimento y el tabaco cuestan 59 minutos; el transporte 40 minutos; el cuidado médico

39 minutos; la ropa 24 minutos; la recreación 20 minutos; y el resto de los gastos 50 minutos.

Por último, asegúrese de dar la fuente de información prestada de otros; eso da más credibilidad. Nos hemos vuelto cautelosos de los reporteros políticos con su línea de "fuentes no identificadas dicen que . . ."

Sólo recuerde que es más fácil recopilar las estadísticas y los hechos que presentarlos de manera interesante. No se distraiga con lo primero de modo que omita lo segundo.

☞ 36. ¿Escribir o no escribir un manuscrito completo?

Leer de un manuscrito completo, usar un bosquejo o notas o memorizar lo que va a decir, son los medios que puede elegir para expresarse hasta que la tecnología haga posible y costeable para todos nosotros un anotador electrónico de bolsillo.

Analicemos el pro y el contra de cada método.

Leyendo de un manuscrito completo
Estos son los argumentos a favor:
- Un manuscrito calma el miedo de que su mente quede en blanco. Cada palabra escrita frente a usted ofrece una medida de seguridad.
- La medida del tiempo será perfecta. Sabrá exactamente cuánto tomará cada punto, y practicando su lectura sabrá que puede terminar a tiempo.
- Sus palabras serán más exactas, precisas, pintorescas y gramaticalmente correctas que si hablara espontáneamente. Tendrá oportunidad de rehacer y pulir cada frase.
- Tendrá algo "oficial" que dar a los medios noticiosos si usted es el vocero de su organización. A menudo los manuscritos son necesarios para obtener la aprobación oficial de sus palabras exactas del agente de asuntos públicos de la compañía o si está preocupado de que no lo citen bien. Sin embargo, siempre se puede entregar el texto escrito a los medios noticiosos para sus citas y usted puede expresar sus pensamientos espontáneamente.

Los políticos tienen cuatro discursos para cada ocasión: el que han escrito, el que pronuncian en realidad, el que quisieran haber dicho y el que dicen que pronunció al día siguiente.

E.C. McKenzie

Y ahora los argumentos en contra:

- Tendrá poco contacto visual con el público. No importa cuanto haya practicado para levantar la mirada, la tentación será de leer más y más. Particularmente en el tan importante comienzo es cuando ganará o perderá la atención del auditorio. La reciprocidad de la situación se ha perdido. Cuando usted habla a un auditorio mirándole a los ojos, tendrá su atención porque éste tiene la de usted. Cuando usted mira fijamente su manuscrito, la tentación es reciprocar viendo las notas de ellos o alrededor de la sala a las reacciones de otros.

- Sus palabras pierden autenticidad e intimidad. Cuando no puede ver de frente usted pierde las mejores técnicas para la credibilidad. El efecto es el mismo de un amante que habla un idioma diferente al de su amada y saca un pedazo de papel del bolsillo para leer: "Te amo por tu bella personalidad, porque eres considerada y sensible." Ella lo mira a los ojos mientras él mira el papel.

- No se oirá natural. Aun con la pericia de un conferenciante de experiencia, le será difícil no oírse altisonante; como los testimonios del "hombre corriente" en los comerciales de televisión.

- No habrá gestos o serán mecánicos. Para que sean eficaces, los gestos tienen que salir de adentro. La lectura sofoca la señal inconsciente para gesticular donde sea necesario.

- Usted estará atado a un atril o mesa para dar su conferencia, sin libertad de moverse hacia sus medios visuales o su auditorio.

- Pudiera perder su lugar. El peligro es que se encontrará haciendo una pausa frenética en un lugar inapropiado buscando la siguiente frase o idea.

- Los oyentes se preguntarán si las palabras y las ideas son de usted en realidad. ¿Lo escribió un colaborador anónimo o le ayudó un colega? Si es así, ¿debiera recibir usted el crédito por cualquier efecto que pudiera hacer el discurso?

• Si es un público que usted conoce bien, éste hará un contraste entre su manera de hablar y gesticular generalmente y esta imagen diferente y se concentrarán en la disparidad entre las dos.

Como usted puede ver, las ventajas en leer un manuscrito se pueden lograr con casi cualquier otro método si usted se prepara adecuadamente. Rara vez se pueden superar los puntos en contra. Sólo en ocasiones extraordinarias se debiera leer un manuscrito.

Pero si contra toda advertencia de los expertos usted decide hacerlo de todas maneras, los siguientes consejos lo ayudarán a hacerlo más eficientemente:

• Dicte el texto en una sola sentada. El proceso será más rápido y el tono más informal y apropiado. Después de tener un borrador lo puede pulir.

• Prepare su manuscrito para la lectura marcándolo. Escriba el texto a doble o triple espacio. Deje espacios adicionales entre párrafos para señalar que una idea ha terminado. Marque con una / sencilla para indicar una pausa; marque con una // doble para indicar una pausa más larga. Con un lápiz para destacar, marque las palabras y las frases que necesitan énfasis especial. Escoja ciertos colores para que le ayuden a captar rápidamente la composición de sus ideas.

Por ejemplo, use verde para puntos clave básicos, rojo para ejemplos y estadísticas, azul para la introducción a una anécdota larga. Deje las páginas sin engrapar para que las pueda poner a un lado más fácilmente mientras lea cada una. Escriba en mayúsculas y minúsculas. Todas las líneas en mayúsculas son más difíciles de leer. No divida una frase, un párrafo ni una lista entre dos páginas. Inserte notas en el margen para el uso de medios visuales, demostraciones u otros movimientos lejos del atril.

Siempre, siempre, siempre lea su discurso de la misma copia que usó para practicar en vez de una copia nueva con un diagramado diferente. Su mente "fotografiará" las porciones y la primera palabra de un párrafo ayudará a su cerebro a recordar el resto.

- Revise de antemano la luz en el atril o la mesa para asegurarse de que puede leer su manuscrito.
- No trate de esconder el manuscrito. El público sabrá que usted está leyendo, y tratar de esconderlo discretamente se ve engañoso y ridículo.
- Sepa que probablemente leerá demasiado rápido y tendrá que hacer un esfuerzo consciente para hacerlo más despacio.
- Concéntrese en el significado de lo que está diciendo en vez de la fraseología. Si se concentra, mejorará su inflexión, pausas y gestos.

Un nuevo pastor detuvo a una miembro respetada de la congregación cuando salía de la iglesia un domingo por la mañana:
— Señora Juana, ¿qué le pareció el sermón?
— No estuvo mal. No estuvo mal.
No complacido con ese cumplido indirecto, él insistió:
— Entonces, ¿vio algo malo en particular?
— Bueno, pastor, ahora que usted lo menciona, creo que sí tengo tres observaciones: En primer lugar, lo leyó. En segundo lugar, no lo leyó bien. Y en tercer lugar, no valía la pena leerlo.
(Anécdota conocida que circula entre oradores)

Hablando con notas o con bosquejo

Este método es mucho más eficaz para la mayoría de los oradores. Los siguientes son los argumentos en contra y a favor para que usted los evalúe.

Ventajas:

- Puede mantener el tan importante contacto visual todo el tiempo.
- Sus ideas parecerán íntimas y auténticas porque serán dichas de manera espontánea con inflexiones y emociones frescas.
- Sus gestos serán naturales.
- Las notas en un bosquejo le darán seguridad y libertad para moverse frente al grupo, para usar los medios visua-

les o comunicarse con el público.

- No temerá sumar o restar ideas, hechos o ilustraciones según sean necesarios para acomodar las necesidades o reacciones del público. Eliminará el temor de perder el lugar y su serenidad o de tratar de encontrar un lugar en el manuscrito para meterse por allí.

Desventajas:

- La fraseología no será tan precisa como cuando lee de un manuscrito.
- La medida del tiempo variará.

Si está de acuerdo en que este método presta las ventajas que necesita, prepare dos clases de ayudas para el discurso: un bosquejo de práctica y otro para usar en el discurso mismo.

Un bosquejo de práctica es detallado con muchas páginas. Además, el beneficio para tal detalle es un recurso nemotécnico con el cual practicar. Pero lo negativo es que estará preocupado con las páginas durante el tiempo del discurso y se referirá al bosquejo con demasiada frecuencia, perdiendo el contacto visual y destruyendo la credibilidad.

Para su verdadero discurso, prepare un bosquejo reducido a pocas palabras clave que activen su memoria con una sola mirada.

La rueda de ideas

Otra variante de bosquejo de una sola mirada es la idea de la rueda ilustrada en el Dibujo 1 en la página 88

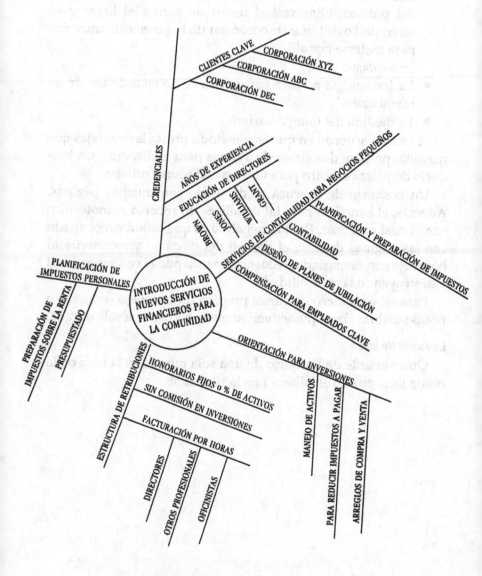

Dibujo 1: La rueda de ideas es un instrumento para pensar que
también se convierte en un bosquejo para hablar

La rueda de ideas le permite captar varias horas de ideas con una sola mirada. Fácilmente puede usar ese bosquejo para dar una charla de diez minutos para la recaudación de fondos en una escuela o para una presentación de mediodía sobre sus servicios financieros. La ventaja de tener toda la estructura delante es que con una mirada usted sabe dónde ha estado y para dónde va. En realidad, para conferencias en reuniones con pequeños grupos, pudiera decidirse a poner la rueda de ideas en un gráfico y dejar que sus oyentes sigan la estructura de su charla. Le ayudará a mantenerse concentrado en las preguntas y comentarios y ayudará la memoria para discusiones.

Las fichas que son medio guión

Este método de fichas combina un guión completo con temas clave como estímulos para la memoria. Vea el dibujo 2 abajo.

---

3 MIN.

TRANSICIÓN: ¿COMO PODEMOS ENTONCES ABRIRNOS CAMINO ENTRE LA TORMENTA DE PAPEL?

3. OFREZCA UN RETO A SU PERSONAL.

– RESPUESTA DE ENCUESTA – 28% "ABURRIDOS"
– ANÉCDOTA – COMPAÑÍA DE SERVICIOS PÚBLICOS
– T. – ESTADÍSTICAS DE GARFIELD

CONCLUSIÓN: "QUEDA BIEN CLARO QUE NUESTRO PERSONAL DEBIERA OFRECERSE DE VOLUNTARIO PARA LOS COMITÉS DE ASESORÍA."

Dibujo 2: La ficha que es medio guión proporciona estructura y seguridad y al mismo tiempo flexibilidad y fraseología fresca.

Con este método, se escribe el enunciado de apertura y las transiciones para cada punto en forma pulida. Entonces exprese sólo el meollo de la idea en palabras clave. Esas ideas quedarán espontáneamente frescas al final del discurso.

Las siguientes pautas le ayudarán a manejar sus notas o bosquejo durante el discurso:

• Numere siempre las fichas, pero reordénelas cuando las necesidades cambien.

• Note cuánto tiempo se lleva cada punto o ilustración para que pueda tomar decisiones sobre la marcha acerca de qué eliminar o añadir si el tiempo se acorta o se alarga.

• Coloree las fichas (en los bordes) para que pueda avanzar o retroceder rápidamente si hace cambios espontáneos. Esquinas verdes para puntos principales. Azul para subpuntos o ilustraciones. Rojo para estadísticas.

• Memorice la apertura, el cierre y las transiciones entre puntos.

A ningún oyente le importará que use notas. Después de todo, querrá saber que se ha preparado. El asunto está en *cómo* las usa. Para evitar depender de ellas demasiado, practique con un bosquejo detallado. Después emplee sólo palabras o frases clave en un bosquejo, fichas o rueda de ideas para esforzarse por mirar al público.

Memorizando su discurso

El último método de discurso es la memorización. En eso también hay argumentos en pro y en contra.

Ventajas:

• Si se esfuerza mucho por memorizar literalmente un manuscrito con todas las inflexiones y gestos apropiados, usted se oirá como un genio; aunque quizás un genio robot.

Desventajas:

• Si le ocurre un fallo de memoria, usted se sentirá como un tonto y sus oyentes pensarán que lo es por no haberse "preparado".

Si se atreve a intentar tal hazaña, así es como debe hacerlo:

• Prepare un texto escrito y léalo una y otra vez.

• Practique del mismo manuscrito porque sus ojos "fotografiarán" copias de la página para asistir en la memorización.

• Divídalo en porciones y memorice una porción a la vez.

• Elabore un acróstico u otro recurso nemotécnico para que le recuerde el orden correcto de las porciones.

• Practique frente a un espejo para ver que retenga las expresiones faciales naturales y otros gestos apropiados.

Mi sugerencia es no memorizar. Se preocupará de que la mente se le quede en blanco, particularmente si hay distracciones. También la memorización pone incómodas a las personas. Al principio se maravillan y después se preocupan de que no pueda llegar hasta el final.

☞ 37. Aprendiendo el material

Lea las notas o el bosquejo, o practique el manuscrito una y otra vez. Lea en voz alta. Tome el tiempo en cada sección y anótelo en el margen. Conecte las ideas en un acróstico y aprenda a adelantar el siguiente pensamiento antes que los ojos caigan en el próximo recordatorio.

Después póngase delante de un espejo y practique cuantas veces pueda el levantar los ojos de sus notas.

Después que llegue a depender menos de sus notas, memorice la apertura, las transiciones entre los puntos clave y el cierre. Eso le permitirá mantener el tan importante contacto visual en los momentos cruciales; cuando esté haciendo una primera impresión y sus oyentes estén decidiendo si vale la pena escucharlo, y en la conclusión cuando se fija en la mente del público lo bueno que fue usted.

Cuando practique no caiga en la tentación de leer superficialmente sus notas sin expresar las ideas clave en frases completas. Como alguien ha dicho: "No hay sustituto para la práctica." El tiempo requerido para expresar sus ideas en voz alta y en frases completas y en el orden correcto darán lustre y confianza a su discurso. Preste atención particular a su narración de historias chistosas. Éstas, más que ninguna otra parte de su discurso, tendrán éxito o fracasarán según la manera como las exprese.

☞ 38. Practicando su forma de expresión

El siguiente paso es practicar. Hágalo en vivo, en voz alta y solo. Se puede poner delante de un espejo, grabadora de audio o de video. El video es mucho mejor porque podrá ver modales que distraen, mala postura y gestos débiles. Si no tiene una cámara de video, una grabadora de audio puede ayudarle. Logrará pescar irritantes muletillas (*aah, eh, bueno, ¿cierto?, ¿no?, oiga, mire, vea*) y repetición de frases (*Quiero reiterar que . . .*).

Además, tendrá conciencia de la velocidad con que habla, la

tendencia de pronunciar con voz apagada el final de las frases, de mascullar, o de la mala dicción. También notará dónde añadir énfasis y variedad. Otro beneficio de la cinta de audio es que una vez grabado su discurso, usted lo puede escuchar y fijar el material en la mente mientras hace otras tareas como ir en auto al trabajo o comer. Grabe. Escuche. Vuelva a repasar. Grabe. Escuche. Vuelva a grabar. Oirá mejorías considerables y, además, esas mejorías aumentarán su confianza.

Por último, puede practicar frente a amigos, familiares o colegas, y obtener sus reacciones. Si se interesan, aumentará su entusiasmo y su confianza. Si su atención vaga, usted necesita más práctica o mejor material.

39. Evaluando los resultados

Recuerde que estarán predispuestas las reacciones de los demás. Su familia y sus amigos generalmente estarán encantados con usted. No dependa mucho de sus cumplidos; en vez de eso, concéntrese en sus sugerencias. No le pida tampoco a su crítico más mordaz que lo escuche porque sus comentarios pudieran ser injustamente crueles, destruyendo su confianza.

Las siguientes son pautas para evaluar sus sesiones de práctica:

- No trate de corregir todo de una vez. Dedíquese a ir más despacio en su discurso o a recordar sus transiciones. Concéntrese en una cosa a la vez.
- Elabore un sistema para mejorar. Dedíquese primero a aprender la información, después quizá los gestos, después tal vez la dicción y terminación clara de las palabras.
- Busque las ideas con las que tropieza. Memorice las entradas, las transiciones y los puntos de conclusión de estas ideas.
- Busque las ideas que no tienen mucha lógica o portillos en el material que necesitan revisión; todavía a estas alturas. Esta práctica es su última oportunidad de ordenar sus ideas para que sean lógicas y claras.
- Continúe vigilando su tiempo y recuerde que su verdadero discurso será más largo que su práctica.
- No sea demasiado severo consigo mismo. Usted siempre se oirá peor para usted mismo que para los demás. Concéntrese en mejorar y en cuánto se beneficiará el público cuando lo oiga.

En realidad es muy sencillo: Un poco de revisión, un poco de aprendizaje, un poco de práctica, un poco de evaluación. Su material se convertirá en parte de usted, tanto que las ideas fluirán como agua de una fuente cuando se incline para beber.

Selección, preparación y uso de medios visuales

5

Los medios visuales nos bombardean todos los días. Las compañías producen comerciales en la televisión y anuncios en las revistas para vendernos sus productos y servicios. El periódico *Wall Street Journal* ofrece noticias financieras, económicas y estadísticas con símbolos de torres de perforación, bolsas de dinero y portafolios. Los que pronostican el tiempo anuncian las condiciones de mañana con mapas en colores. Las aeromozas muestran los procedimientos de emergencia adecuados para viajar en avión. Los restaurantes nos dan fotografías de su menú, y los carritos de postres exhiben los pasteles.

¿Por qué? Retentiva. Memoria. Efecto. Considere la manera de funcionar del cerebro humano en las siguientes situaciones: ¿Recibe usted la mayoría de las direcciones por nombre y número de calles o por lugares sobresalientes como edificios y semáforos? Cuando los amigos dan las direcciones de su casa, ¿escriben generalmente el procedimiento de viaje en pasos, o dibujan un mapa? ¿Qué recuerda más, rostros o nombres?

¿Escuchan en su casa más la radio o la televisión? Considere la música diseñada para ser oída. Si les dieran a escoger, ¿escucharían las personas una grabación de su actriz favorita o preferirían verla actuar en vivo? ¿Recuerda usted los nombres de los créditos en la película cuando aparecen en la pantalla o la prolongada toma cinematográfica de la acción al inicio de la película?

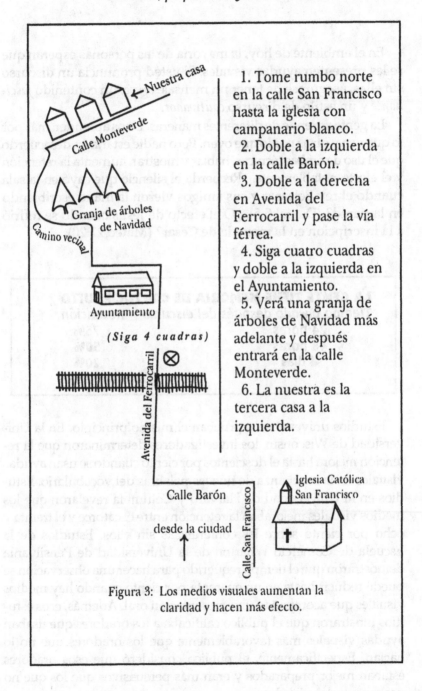

1. Tome rumbo norte en la calle San Francisco hasta la iglesia con campanario blanco.
2. Doble a la izquierda en la calle Barón.
3. Doble a la derecha en Avenida del Ferrocarril y pase la vía férrea.
4. Siga cuatro cuadras y doble a la izquierda en el Ayuntamiento.
5. Verá una granja de árboles de Navidad más adelante y después entrará en la calle Monteverde.
6. La nuestra es la tercera casa a la izquierda.

Figura 3: Los medios visuales aumentan la claridad y hacen más efecto.

En el ambiente de hoy, la mayoría de las personas esperan que se les presenten ayudas visuales. Si usted pronuncia un discurso sin ellas, asegúrese de tener un mensaje *breve*, un contenido *fascinante* y un estilo de discurso *cautivador*.

La gente aprende de diferentes maneras. Unos aprenden más por lo que ven y otros por lo que oyen. Pero nadie estaría en desacuerdo que el uso de ambas técnicas, hablar y mostrar, aumenta la retención y el efecto notablemente. ¿Recuerda el silencio que cayó en la sala cuando el rey Belsasar y sus amigos vieron la mano escribiendo en la pared? (Daniel 5:5). ¿O el efecto de Jesús cuando se refirió a la inscripción en la moneda de Cesar? (Mateo 22:20).

LA GENTE TIENE MEMORIA DE CORTOCIRCUITO	
Tiempo pasado después del discurso	Retención
24 horas	75%
48 horas	50%
4 días	20%
	– Dorothy Leeds

Estudios universitarios prueban el mismo principio. En la Universidad de Wisconsin, los investigadores determinaron que la retención mejora hasta el doscientos por ciento cuando se usan ayudas visuales en la enseñanza de nuevas palabras del vocabulario. Estudios en la Universidad de Harvard y Columbia revelaron que los medios visuales mejoraban la retención entre el catorce y el treinta y ocho por ciento sobre las conferencias sin ellos. Estudios de la Escuela de Comercio Wharton de la Universidad de Pensilvania demostraron que el tiempo requerido para hacer una observación se puede reducir hasta en un cuarenta por ciento cuando hay medios visuales que acompañan una presentación oral. Además, esos estudios mostraron que el público calificaba a los oradores que usaban ayudas visuales más favorablemente que los oradores que no lo hacían. Específicamente, el público consideró que esos oradores estaban mejor preparados y eran más persuasivos que los que no usaban ayudas visuales.

Los abogados usan documentos y objetos de pruebas; los ingenieros usan mapas; los vendedores usan catálogos; los médicos usan cuadros; los analistas de computación usan gráficos; los maestros de escuela dominical usan transparencias proyectadas. Cualquiera que sea nuestra profesión o nuestro propósito de presentación, nuestros resultados serán más espectaculares con ayudas visuales.

Cierto, los medios visuales toman tiempo, cuestan dinero, y hasta crean desastres. Pero los resultados bien valen el esfuerzo porque:

- llaman la atención
- ayudan la retención
- aclaran lo complejo
- añaden variedad y brío a su estilo de expresión
- subrayan su preparación para el público

Nunca decida usar ayudas visuales sólo para estimular la memoria acerca del siguiente punto, para llenar tiempo, o para tener algo que hacer con las manos.

Las palabras son generalmente adecuadas para narraciones, anécdotas o humorismo cuando un orador enérgico puede crear una escena y puede manejar el punto con entusiasmo y fraseología pintoresca. Pero los medios visuales tienen el efecto que se requiere en la presentación de datos nuevos. Con estadísticas, listas, tendencias, o información similar que no se puede captar, analizar o retener fácilmente, los medios visuales proporcionan el efecto, la interpretación y la referencia inicial para ser estudiada y comparada más tarde.

Los medios visuales deben constituir parte integral de nuestra conferencia, no un pensamiento posterior. La imagen queda cuando las palabras se vuelven insuficientes o se olvidan fácilmente. Los medios visuales comunican más rápidamente, mejor y por más tiempo que sólo las palabras.

Pero tienen que ser buenos. El público en esta era de la televisión medita en el brillo de las películas, revistas y gráficos de computadoras. El peor medio visual en el mundo es una transparencia de una página con palabras escritas a máquina. Este medio tan pobre es peor que no tener uno del todo.

Las siguientes son pautas generales para medios eficaces y su uso.

☞ 40. Los medios visuales no deben dominar

"No se convierta en conserje de su propio teatro", advierte el conferenciante Ron Hoff. No deje que los medios dominen la atención del público. El discurso es usted, no son los medios visuales. Su propósito no es guiar al público de medio a medio. Si ese es su estilo, sería mejor preparar una carpeta de sus ayudas visuales y dársela a sus oyentes para que las estudien por su cuenta.

Usted es el que domina, los medios visuales lo apoyan. Según el tipo de medios que use considere colocar los proyectores y caballetes a un lado de la sala para que usted pueda retener su lugar en el centro del escenario.

☞ 41. Los medios visuales no deben ser una lista de palabras sueltas

El otro medio visual peor, segundo sólo al de la página escrita a máquina, es una lista larga de palabras o de temas sueltos. La tentación de los oradores es usar tales medios porque la lista les da un bosquejo para hablar sin que el público vea ninguna "nota". Pero usar sólo palabras en sus ayudas visuales derrota su propósito. Aun cuando sean escritas de una manera ingeniosa, las palabras no son visuales. Diagramas, arte, gráficos lineales, caricaturas, sí lo son. No digo que nunca use ayudas visuales de sólo palabras, pero supleméntelos siempre con otras ayudas visuales que agreguen lo que falta en la colección de palabras.

☞ 42. Evite la confusión

Si decide elaborar ayudas visuales "verbales" para referirse a un punto anterior en el discurso o para explicar con detalle o comparar otras vistas, no use más de siete líneas por vista y no más de tres o cuatro palabras por línea.

No bombardee a sus oyentes con estadísticas y números. Demasiados números diluyen sus puntos principales. El público quiere captar el concepto clave (Nuestros costos han subido en un cuarenta por ciento); conocerá los detalles específicos en un volante que puede estudiar después.

Además, evite la confusión con su estilo de imprimir. Las palabras escritas todas en mayúscula son más difíciles de leer que la combinación de mayúsculas y minúsculas. Use un tamaño y estilo de imprimir uniforme.

DISEÑOS VISUALES: QUÉ HACER Y QUÉ NO HACER

ESTO SÍ:

GESTOS NEGATIVOS
RESTAN EFECTO A LAS
PALABRAS

sonar las llaves

cruzar los brazos

movimientos tiesos

y espasmódicos

apretar los puños

apuntar con los dedos

despejarse la garganta

Subtítulos informativos

ESTO NO:

sonar las llaves

cruzar los brazos

movimientos TIESOS

y espasmódicos

apretar los puños

apuntar con los dedos

toser

despejarse la garganta

¿Cuál es el punto?

DISEÑOS VISUALES: QUÉ HACER Y QUÉ NO HACER

ESTO NO:

Esperanza de vida en seis años

tamaño	1-4	5-9	10-14	15-19
pequeño	26%	65%	75%	77%
mediano	34%	72%	75%	79%
grande	26%	33%	48%	69%

Muy apretado

ESTO SÍ:

ESPERANZA DE VIDA
EN 6 AÑOS

tamaño	1-4	5-9	10-14	15-19
pequeño	26%	65%	75%	77%
mediano	34%	72%	75%	79%
grande	26%	33%	48%	69%

Equilibrado y simétrico

DISEÑOS VISUALES: QUÉ HACER Y QUÉ NO HACER

ESTO NO:

Porcentaje de compañias que sobreviven después de 6 años

TAMAÑO DE COMPAÑÍA	0 TRABAJOS AÑADIDOS	1-4 TRABAJOS AÑADIDOS
1-4 empleados	26%	65%
5-499 empleados	34.1%	72.4%

Fuera de centro

ESTO SÍ:

CRECIMIENTO Y SUPERVIVENCIA

Crecimiento de Empleos	Dos Años	Cuatro Años
0 trabajos añadidos	705%	37.5%
1-4 trabajos añadidos	92.0%	80.9%

Centrado

DISEÑOS VISUALES: QUÉ HACER Y QUÉ NO HACER

ESTO SÍ:

TAREAS DE GRUPO

Proyecto 1   Salón 220   6:00 pm

Proyecto 2   Salón 223   7:00 pm

Proyecto 3   Salón 224   8:00 pm

Letra uniforme

ESTO NO:

TAREAS de grupo

PROYECTO 1   Salón 220   6:00 pm

Proyecto dos   Salón 223   7:00 pm

Proyecto III   Sala 224   8:00 pm

Mezcla de tipos de letra

Recuerde el equilibrio y la simetría en la página. Las letras no deben estar amontonadas, fuera de centro o desigualmente estrujadas entre columnas o dibujos.

Use espacios en blanco para ayudar al ojo a diferenciar entre las ideas y hacer comparaciones y contrastes.

☞ 43. Use colores para recalcar

Además de la confusión de palabras, hay confusión de colores. Para agradar a la vista, para recalcar y organizar ideas, trate de añadir colores. Pero úselos principalmente para acentuar: para puntos específicos, títulos, subrayados, arte. Dos colores son buenos; un tercer color puede recalcar; un cuarto color confunde.

Los colores fuertes como azul, negro, verde o púrpura son buenos para las ideas principales. Para acentuar, el rojo. Evite colores claros iridiscentes que no se puedan ver con facilidad.

Los colores también pueden reforzar subliminalmente su mensaje: rojo para cautela, atención u hostilidad; amarillo para energía; verde para crecimiento; azul para tranquilidad; negro para fuerza.

☞ 44. Póngale un subtítulo a cada medio visual

Imagine que pasa por donde está el televisor y ve la acción de la pantalla con el volumen apagado. Después de un instante usted debiera saber lo que está pasando. Lo mismo debe suceder con respecto a sus medios visuales; deben ser lo bastante completos como para valerse por sí mismos. Use un título o subtítulo informativo para telegrafiar el mensaje clave al espectador.

☞ 45. Añada el toque ameno

Si se considera un mal contador de chistes, inepto para el momento oportuno o culminación ingeniosa de un chiste, incorpore el humorismo en su discurso a través de los medios visuales. Con buena preparación, usted puede presentar formas ingeniosas para ilustrar sus puntos para que "hablen por sí mismos". (Por eso mantengo al día un archivo de caricaturas y citas.)

☞ 46. Limite el número

Demasiado de una cosa buena diluye su eficacia. En la preparación de diapositivas, veinticinco no son necesariamente mejor que quince. Cualquier técnica, hasta las diapositivas vistosas, pueden volverse monótonas. Por regla general, su conferencia debiera tener un promedio de no más de una ayuda visual por minuto. Sin embargo, "promedio" es una palabra engañosa aquí. Por ejemplo, pudiera usar tres láminas para presentar frases oscuras en un tipo de redacción, y no usar ningún medio visual por quince minutos en un debate sobre estilo. La variedad es la clave.

☞ **47. Seleccione el medio visual apropiado para el concepto**

Los objetos reales o los modelos simulados muestran mejor los procedimientos o procesos de operación. Fotografías ampliadas o dibujos lineales ilustran mejor el funcionamiento interno de los equipos. Los gráficos lineales muestran mejor las tendencias que los números exactos. Los gráficos de barras ilustran mejor las comparaciones altas y bajas. Los esquemáticos ilustran mejor los procesos relacionados o el paso del tiempo. Las figuras o caricaturas ilustran mejor los conceptos. Seleccione siempre el medio visual que satisfaga mejor su propósito.

☞ **48. Añada variedad**

Aún lo mejor se vuelve aburrido después de una hora. Si usted elige un medio para la mayor parte de su discurso, considere otras ayudas sólo para un cambio. En mis conferencias, por lo general tengo un promedio de cinco ayudas: transparencias, video, gráficos, hojas sueltas y libros de referencia. Después, dentro de cada uno de esos tipos visuales, pongo variedad con el uso de palabras, caricaturas, diagramas y fotografías.

☞ **49. Presente el medio visual y haga una pausa**

Cuando muestre su medio visual, haga una pausa para dar al público un par de minutos para captarlo. Si usted intenta hablar de inmediato, los oyentes perderán sus primeras palabras mientras observan lo que está delante. Déjelos que vean, después cambiarán de marcha y comenzarán a escucharlo otra vez mientras explica con detalle y establece su punto.

☞ 50. Háblele al público, no a los medios visuales

Nunca mire los medios mientras habla, o peor todavía, los lea a su público. Conozca su material lo bastante bien como para mantener el contacto visual mientras explica los detalles en sus propias palabras. El medio visual es el punto inicial, no el final. Recuerde que los medios visuales son para el público, no para el orador.

☞ 51. Produzca medios visuales atractivos

Quizás usted piense que está por demás esto. Pero no es así. Hace poco asistí a una reunión con veintidós representantes de una compañía multimillonaria donde presentaron sus ideas visualmente. Algunos usaron láminas vistosas y videos preparados. Tres usaron transparencias de notas escritas a máquina. ¡Tenga presente que estos eran instructores que daban discursos para ganarse la vida!

Eso no quiere decir que deba gastarse una fortuna en la preparación comercial de medios visuales. Los medios visuales hechos comercialmente son estupendos; pero pudieran, en el caso de posibles compradores, dar la impresión equivocada (que usted tiene mucho dinero y no necesita el negocio o apoyo monetario de ellos para su causa). Esos medios visuales pudieran trasmitir la idea también de que usted no se ha tomado el tiempo para ajustar su discurso a los oyentes.

Atractivo y caro no necesariamente son sinónimos. Los medios visuales "hechos en casa" pueden ser muy eficaces. Las fuentes para el trabajo de arte incluyen las páginas amarillas del directorio telefónico, libros para colorear, arte para recortar, o el portafolio del estudiante de arte de la esquina. Sus propias creaciones ofrecen la oportunidad de personalizar para un público específico. Además, se pueden elaborar de inmediato sin ocupar tiempo para mandar a hacerlos.

Los medios visuales hechos de manera chapucera comunican que no hubo premeditación y pudieran producir una percepción de trabajo de mala calidad y de imagen barata; de particular preocupación para un posible cliente.

☞ 52. Revise bien las pruebas

Faltas de ortografía, errores tipográficos, inconsecuencia de encabezados y composición, y letras incompletas son grandes distracciones para el público. Una falta de ortografía interrumpe el proceso de pensamiento del oyente. De inmediato, él se preguntará: ¿Lo debiera señalar? ¿Lo sabrá el conferenciante? ¿No reconocerá el error? ¿Le importará? Los errores dañan la imagen de profesionalismo y dejan la impresión de preparación insuficiente y precipitada.

Deje siempre un período de enfriamiento entre la producción de sus medios visuales y su tiempo de práctica para poderlos ver objetivamente y descubrir los errores. También es buena idea que otros corrijan las inconsecuencias y los errores que usted mismo no note.

Nunca delegue todas las correcciones a otra persona o culpe a otros cuando aparezcan errores en la pantalla frente al público. El orador es en definitiva responsable de la calidad de los medios visuales tanto como la charla.

☞ 53. Hágalos fácilmente comprensibles

Póngales siempre títulos a sus medios visuales, numérelos y póngalos en orden. Si tiene algún sistema portátil para trasladarlos de lugar a lugar, es todavía mejor. Nosotros usamos caballetes para volver las páginas — de acetato que proporcionan una cubierta protectora, un borde nítido, y un espacio para notas en los marcos — que caben bien en una carpeta de tres anillos.

Haga notas en los marcos para estimular la memoria, pero sea breve. La mayoría de los oradores cometen un error cuando ponen demasiadas notas; tantas que no las pueden leer de un vistazo.

Tenga una estrategia alterna para comunicar su información si algún desastre sucediera que hiciera imposible el uso de sus ayudas visuales. Una colega preparó hace poco una charla sobre comunicaciones en culturas extranjeras para un grupo de quince personas. Cuando llegó para pronunciar el discurso descubrió que cinco de los quince estudiantes eran ciegos.

☞ 54. Coordine su discurso con el medio visual

Decida de antemano dónde estará parado mientras usa cada

medio visual. Cuando use un retroproyector, ¿se pondrá a la derecha o a la izquierda de la pantalla? ¿Será mejor traer la pantalla de la grabadora de videos al centro de la sala durante una obra teatral en video o podrán ver todos la pantalla en un ángulo?

Asegúrese de no usar un atril para poner sus notas y después descubrir que se debe alejar de éste para usar el gráfico o el proyector de diapositivas.

Si decide usar medios visuales, piénselo bien antes de usar un atril. De pie detrás de un atril, a los oradores se les ve como "la autoridad" de la que no hay que dudar ni interrumpir. Los atriles desalientan la interacción del público y ponen distancia entre usted y los oyentes, algo que debe evitar a toda costa. Además, el atril esconde la mayor parte de la expresión corporal que añadiría entusiasmo a su discurso. En otras palabras, los atriles quitan mucho de lo que usted quiere lograr con los medios visuales.

A menos que esté en un ambiente muy formal frente a un gran público, decida moverse durante su discurso. Use todo su "escenario" tanto como le sea posible. Cuando termine un punto, trasládese a otro punto para expresar la siguiente idea. Sus movimientos reducen la energía nerviosa y obliga a los oyentes a prestar atención cuando comienza su próxima idea o actividad.

Moverse físicamente de una ayuda audiovisual a otra también trae conclusión a una idea o actividad y da al público tiempo para hacer la transición en su pensamiento. Los movimientos le dan energía a su discurso y mantienen alerta al público.

Sin embargo, no confunda pasearse con movimiento. Pasearse es un andar monótono de un lado a otro. Moverse en la plataforma con una diversidad de ideas, medios visuales y actividades es un estilo fluido del proceso de pensar.

☞ 55. Reglas para dar conferencias "sentado"

En un ambiente de negocios, particularmente para visitas de ventas, pudiera tener que hacer presentaciones a una sola persona o posiblemente a dos o tres sentados alrededor de una escritorio para la toma de decisiones. Aunque no hay absolutamente ninguna correlación entre el tamaño del auditorio y la importancia del resultado, se tienen que tomar en cuenta los diferentes ambientes. Ante todo, considere las expectativas del grupo. No suponga que porque hay pocas personas no esperan una presentación formal, con medios visuales y todo.

En segundo lugar, recuerde por qué está sentado a un escritorio o mesa a nivel de mirada con el grupo, que su entusiasmo, agresividad y autoridad tienen que ser comunicados a "media asta"; es decir, primordialmente con las expresiones faciales y postura sentada. No se encorve. Inclinarse hacia adelante en la silla muestra entusiasmo y confianza acerca de su tema. Inclinarse hacia atrás en su silla comunica receptividad para las preguntas.

Sobre todo, sitúese de manera que mantenga el contacto visual con todos los que están en la sala. No debe quedar sentando entre dos oyentes de manera que tenga que mirar de un lado a otro para hacer cada punto como si estuviera jugando tenis de mesa. Además, de ser posible, quite todo obstáculo físico que obstruya la visión o dé la sensación de distancia entre usted y sus interlocutores; tales como estantes que sobresalgan de la pared u hojas de plantas que tenga que eludir para hacer el contacto visual. Si los arreglos físicos no se ven conducentes para el negocio a mano, dígalo simplemente y haga los ajustes necesarios: "¿Les molestaría si me traslado a este lugar de la sala para que los estantes no obstruyan la vista?"

Después de pensar dónde y cómo sentarse para dirigirse a un grupo pequeño, asegúrese de poner los medios visuales de manera que el grupo los pueda ver sin dificultad. Sus oyentes, no usted, necesitan leerlos. Una mirada invertida a su medio visual debiera ser lo único que necesita para sugerirle el siguiente punto.

Gráficos para poner sobre la mesa, un portafolio o una carpeta pequeña sostendrá sus medios visuales para alcance corto. Desde luego, no hay nada malo, y todo bueno, si puede usar gráficos regulares o el proyector de transparencias si el equipo necesario está disponible. Sólo tenga presente que cuando se le cite impulsivamente en la oficina del jefe para "presentar una actualización rápida del proyecto XYZ", quizás usted no tenga suficiente tiempo para localizar un proyector y una pantalla. Pudiera ser apropiado un cambio rápido de planes acerca de los tipos de medios visuales para usar, como por ejemplo una transparencia transformada en un volante.

Cualquiera que sea el medio visual seleccionado: gráficos para mesas, páginas para carpetas u hojas sueltas, póngalos como si la mesa fuera su "escenario", tomando en cuenta todas las otras sugerencias hechas en este capítulo. Quite de la vista los medios visuales cuando termine de comentarlos.

☞ 56. Practique su discurso usando las ayudas

Son pocas las ayudas visuales que no requieren práctica para su manipulación pareja. Repasar el proceso en su mente no es lo mismo que ensayar (practicar) su presentación. Trate de practicar en el salón donde pronunciará el discurso y acostúmbrese al lugar. Estudie los ángulos apropiados que le permitan ver las notas y que no obstruyan la vista del público.

Cuando practique con medios visuales como diapositivas y videos, donde el equipo está localizado lejos del espacio en el "escenario", pudiera descubrir que necesita un ayudante. Hacer ese descubrimiento de antemano pudiera evitarle desastres.

☞ 57. Haga que el público se mueva

Uso con frecuencia una variedad de medios visuales: dos gráficos, dos retroproyectores y pantallas, una grabadora para videos y hojas sueltas. Con tanto equipo, la conferencia apropiada requiere coordinación. La grabadora, por ejemplo, pudiera colocarse en la parte de atrás del salón en los lugares de algunos clientes.

Pero un espacio de escenario "esparcido" no es causa de preocupación. Sus oyentes se moverán con usted cuando usted cambie de posición en el salón, moviendo las sillas o cambiando la posición del cuerpo para lograr una mejor vista. Estos movimientos, no importa cuán leves, los hacen alerta y reducen la tensión de sentarse en un solo lugar mirando en una sola dirección por largos períodos.

El movimiento de parte del público es beneficioso, no es un detrimento para su discurso.

☞ 58. Maneje correctamente los medios visuales

Necesitará seleccionar los medios visuales apropiados basado en la cultura y expectativas del público al que se dirigirá, costo de los medios visuales, disponibilidad del equipo, tiempo de producción, tamaño de la sala y del público, arreglos de sillas y condiciones de iluminación.

La siguiente lista presenta los argumentos a favor y en contra de cada medio y sugerencias de cómo manejar cada uno eficazmente.

Gráficos

Ventajas:

- Fáciles de mover por la sala y acercarlos al público
- Económicos
- Fáciles de preparar
- Informales, nuevos y espontáneos
- Obtenibles fácilmente en la mayoría de los lugares
- Modificados o personalizados fácilmente en el acto
- Actualizados fácilmente de un discurso a otro

Desventajas:

- Difíciles de ver para un público numeroso
- Su preparación consume mucho tiempo con letras y arte bonitos
- Incómodos de transportar, se gastan fácilmente con el uso
- Faltos de agresividad; el estilo de expresión tiene que llevar el mensaje

Sugerencias:

- Escriba, después hable; o hable, después escriba. Hacer ambos simultáneamente causa errores de ortografía, transposición de sílabas, u omisión de palabras.
- Haga cualquier anotación con lápiz en el margen izquierdo. Serán visibles para usted, pero no para el público.
- Deje una o dos páginas en blanco entre cada parte elaborada para que las palabras no traspasen antes que esté listo para revelar una página.
- Hágase una "agarradera" en cada página doblando la esquina de la página a la que quiera referirse con frecuencia o poniendo una etiqueta y pegando un pedazo de cinta adhesiva en los bordes. En un movimiento usted podrá agarrar la cinta y volver la página sin buscar a tientas.
- Colóquese a la orilla de la página del lado que escribe para que no pierda totalmente el contacto de los ojos con el público.

- Arranque las páginas y péguelas a las paredes si necesita páginas adicionales para terminar un concepto.
- Cubra una página o por lo menos aléjese de ella cuando haya terminado.
- Use dos gráficos simultáneamente para variar; uno para presentar puntos clave, el otro para entrar en detalles de apoyo.

Transparencias para retroproyectores

Ventajas:
- Convenientes para auditorios pequeños y grandes de hasta cuatrocientas personas
- De fácil y rápida preparación
- De fácil transportación
- Bien pensadas y de apariencia profesional
- Fáciles de controlar y exhibir sólo parte de las líneas con una página para cubrir
- Fáciles de actualizar y mantener
- Versátiles con el color, láminas superpuestas, dibujos, reproducción de fotos o diagramas de revistas, periódicos, libros, etc.

Desventajas:
- De manejo difícil sin practicar

Consejos para usar:
- Señale con asteriscos las palabras y frases clave, no las oraciones completas.
- Exponga sólo una línea a la vez si se propone detallar punto por punto.
- Escriba notas breves en el marco.
- Encuádrelas con cartón o marcos para fácil manejo.
- Apague la luz del proyector o cúbrala con una pedazo de cartón antes de poner la primera transparencia y mientras las cambie.
- Ponga una transparencia virgen sobre la impresa para que pueda subrayar o añadir palabras nuevas sin alterar el original.
- Deje encendidas las luces de la sala
- Párese cerca de la pantalla en vez del proyector cuando sea posible para no obstruir la vista del público.

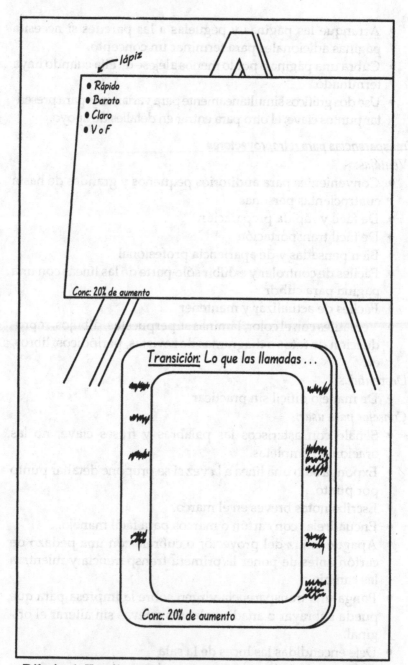

Dibujo 4: Escriba sólo palabras y frases clave como notas en el margen de gráficos y marcos para retroproyectores.

- Use gestos amplios cuando apunte a la pantalla.
- Use el puntero cuando apunte a la base del proyector.
- Evite empacar y guardar sus transparencias durante los comentarios de cierre. Espere hasta haber terminado completamente con su conferencia para guardarlas.
- Guarde los originales para hacer copias nuevas cuando se ensucien o pierdan color.

Diapositivas

Ventajas:
- Apropiadas para auditorios hasta de mil personas
- De apariencia sumamente profesional, que indica una buena planificación
- Rango atractivo de colores y tipos de arte
- Fáciles de usar con un botón de presión
- De fácil transportación

Desventajas:
- Necesario que el salón esté a oscuras
- Orden fijo de diapositivas una vez puestas en el proyector
- De exhibición total o nada; imposible mostrar sólo una parte a la vez o destacar con acentos de color mientras habla
- Costosas de producir
- Difíciles y costosas de actualizar
- Enfoque formal; inhibe el debate y la participación
- A veces es necesario coordinar con el operador en la cabina de grabación
- Atención puesta en el medio visual y no en el orador

Sugerencias:
- Ponga la pantalla a un lado del centro para que usted esté en el "centro del escenario".
- Revise el orden de las diapositivas antes de dar su charla en busca de las faltantes, sobrantes y mal puestas que reflejan mala preparación.
- Tenga copias en papel de las diapositivas con sus notas frente a usted para que sepa lo que viene después.
- Practique con el control remoto por adelantado.
- Monte las diapositivas en la misma clase de marco para impedir que no se peguen.

Videos/películas
Ventajas:
- Apropiadas para auditorios de hasta mil personas
- Apariencia sumamente profesional
- Rango atractivo de colores y tipos de arte
- Fáciles de usar con un botón de presión
- De fácil transportación

Desventajas:
- Costosas de producir
- Difíciles y costosas de reproducir
- Enfoque formal; inhibe el debate y la participación
- Atención puesta en el medio visual y no en el orador

Sugerencias:
- Ponga la pantalla a un lado del centro para que usted esté en el "centro del escenario".
- Ponga el contador de cinta para que pueda tener un indicador fácil de las ilustraciones filmadas o para adelantar o atrasar la cinta a una sección en particular.
- Déles a los oyentes un avance de lo que verán y pídales que estén alertas a ciertos puntos a los que usted se referirá en el debate posterior.

Hojas sueltas
Ventajas:
- No varía el tiempo del discurso debido al número de hojas sueltas
- Fáciles de mantener y actualizar
- No son costosas
- Promueven la participación del público
- Hace fácil tomar notas
- Recordación intensificada porque el público se lleva material de referencia

Desventajas:
- Difícil de transportar grandes cantidades de hojas sueltas sin enviarlas por correo con antelación
- Mayor peligro de copiar y usar su material sin autorización

Sugerencias:
- Trate de ser tan creativo en sus hojas sueltas como con

cualquier medio visual, evitando páginas sin atractivo.
- Use papel de colores brillantes para mayor énfasis.
- Dígale al público desde el principio lo que está en las hojas sueltas para que sepa si tomar notas durante el discurso.
- Levántelos para que las páginas estén de frente al público cuando haga referencia a puntos específicos.
- Despierte el interés en las hojas sueltas haciéndole saber al público que contienen más información de la que usted acaba de exponer verbalmente.
- Refiérase al material para reflexionar posteriormente, para evaluación personal, o para uso en el trabajo.
- Distribúyalos *durante* la conferencia si fueron preparados para usarse con la participación del público, para que se refiera a ellos mientras usted le pide que haga un lista, marque, observe o llene los espacios en blanco, o que reaccione de alguna otra manera.
- Distribúyalos *después* de la conferencia si son sólo material de referencia para uso posterior. No vale que el público "lea con usted" porque éste lee más rápidamente de lo que usted habla y porque se pierde el contacto visual.
- Incluya cualquiera o todos los siguientes: resumen de puntos clave, ilustraciones complejas de puntos clave, documentación y apoyo de fuentes de referencia, bibliografías para promover más lecturas y para dar crédito a ideas prestadas de otros, artículos para más lecturas, y datos personales del orador.

Objetos para demostraciones

Ventajas:
- Refuerzo realista a sus palabras
- Aumento de participación del público mediante la observación cercana

Desventajas:
- Con frecuencia difícil de transportar
- Con frecuencia costosos para reemplazar cuando se gastan
- Con frecuencia demasiado pequeños para que el público pueda ver las partes más significativas
- Casi siempre difíciles de ver por auditorios grandes

Sugerencias:

- Use tanto el objeto como un diagrama ampliado del objeto para completa flexibilidad cuando se refiera a piezas internas o pequeñas.
- Evite pasar el objeto entre el público mientras usted está hablando.
- Practique bien el montaje o desmontaje requerido.

A menos que usted tenga la autoridad del presidente de su país, el estilo de expresión de un actor, un mensaje de importancia mundial, y las intenciones de ser tan breve como un comercial, diseñe los medios visuales para sus conferencias. Esos aclaran las ideas, ayudan en la retención y dan el énfasis difícil de generar de otras maneras.

Cómo dirigir períodos de preguntas y respuestas

6 Después de la invitación misma, el comentario improvisado de: "Dicho sea de paso, debiera dar tiempo para preguntas al final", es la mayor causa de preocupación para los oradores. ¿Por qué? Hay varias razones: Falta de confianza en su comprensión del tema o del proyecto en general. Temor de no saber la respuesta a una pregunta específica. Temor de que alguien ponga en duda su autoridad o la credibilidad de su información. Temor de tartamudear y titubear con respuestas no esperadas. Temor a un público o participante hostil. Temor de perder el control del público y de la situación. Se pudiera hasta sentir como una "imposición" el que lo hayan puesto en aprietos con una respuesta poco popular. Y cualquiera de estos temores o todos pudieran abochornarlo.

¿Por qué, entonces, los oradores pasan por la ansiedad de esperar esos aprietos y resultados devastadores? Primordialmente, porque el público espera tiempo para preguntas; como un derecho divino de forzar al orador a "enfrentarse con la prensa", particularmente sobre los puntos controvertibles.

Pero además de las expectativas y necesidades del público, las preguntas también lo benefician a usted, el orador. En primer lugar, las preguntas permiten la aplicación de los puntos clave específicamente a la situación del público. El análisis del público es, desde luego, parte de su preparación, pero las preguntas le dan una última oportunidad para hacer aplicaciones específicas. También las preguntas proporcionan información acerca de la claridad de usted y le dan oportunidad de corregir cualquier impresión equivocada. Cuando oye una pregunta descabellada, usted reconoce de inmediato que uno de sus puntos clave llevó a una conclusión falsa a uno de sus oyentes.

Otra ventaja de los períodos de preguntas y respuestas es que establecen una mayor compenetración con sus oyentes. Sus respuestas muestran que usted se preocupa por las necesidades y la comprensión individuales. Muestran buena voluntad para evaluar a su público. El período de preguntas y respuestas le permite ser menos formal y más recíproco de lo que posiblemente haya sido en la conferencia formal. Esta es su oportunidad de ser espontáneo y gracioso. Y nada muestra la profundidad de su conocimiento, credibilidad y capacidad de comunicación tan gráficamente como el oír y responder a preguntas no planeadas.

Por último, los períodos de preguntas dan un "plazo" para juzgar la medida del tiempo apropiado. Cinco minutos sumados o restados de su discurso se pueden corregir en el tiempo adjudicado para las preguntas, un margen de seguridad para usted, particularmente en los primeros discursos.

Entremos pues, en la parte técnica del manejo eficaz del período de preguntas y respuestas.

☞ 59. Espere las preguntas y prepárese para contestarlas

El análisis de los oyentes, el primer paso en la preparación de un discurso, debiera incluir siempre la consideración de preguntas que el grupo pudiera tener acerca de su información y de los puntos de vista opuestos. Planifique para esas preguntas específicamente en su período de preguntas y respuestas y prepare una respuesta sucinta.

Nosotros usamos las siglas REIR, para preparar a los estudiantes a formular una respuesta espontánea, fuerte e interesante:

R = Resumen   (Enunciado en una frase de su respuesta)
E = Evidencia   (Puntos clave para apoyar su respuesta)
I = Ilustración   (Ejemplo específico que ayudará a recordar los puntos clave)
R = Reiteración   (Reiteración del resumen)

Por ejemplo, digamos que un miembro del público pregunta a un agente de la *Exxon* acerca del manejo de la compañía del muy divulgado derrame de aceite del *Exxon Valdez*.

Pregunta: "Ya que *Exxon* es la mayor corporación de los Estados Unidos, ¿cree usted que ha hecho todo lo que ha podido para limpiar el derrame de aceite en Alaska?"

Respuesta:

(R) "Sí, creo que *Exxon* ha hecho todo lo que ha podido para limpiar el ambiente frente a este desastre.

(E) "Hemos gastado equis cantidad de dinero en el transporte de equipo especial a la zona para hacer tales y tales tareas... Hemos abierto una oficina allí y hemos enviado a equis número de personas para ayudar en la limpieza... Los oficiales del gobierno local nos han pedido que hagamos tales y tales tareas, que con gusto hemos hecho.

(I) "Hasta contratamos a un consultor especial para que diera a dos de nuestros empleados tres semanas de adiestramiento para ayudarles a hacer una tarea de dos días en el cuidado de recuperación de la salud de varias nutrias marinas afectadas. Nos preocupamos por las cosas grandes y por las pequeñas.

(R) "Entonces, sí, creo que *Exxon* ha hecho todo lo que ha sido razonablemente posible para restaurar el ambiente frente a estas trágicas circunstancias."

Pregunta: "¿Cree usted que el arriendo de espacio en este edificio solucionará permanentemente nuestro problema de superpoblación?"

Respuesta:

(R) "No, no puedo ver el alquiler de más espacio aquí como una solución permanente.

(E) "La clase de espacio extra disponible no es suficiente para la clase de estantería que queremos instalar. Por otro lado, el espacio extra no tiene acceso al corredor exterior y, por lo tanto, el tránsito al escritorio de bienvenida creará incluso líneas de espera. Ni tampoco el espacio extra de arriendo acomodará a los doscientos o más visitantes que esperamos tener durante la primavera.

(I) "Si usted recuerda, hace dos años intentamos, sin ningún éxito, alterar el patrón del tránsito alquilando más espacio en los edificios aledaños. La gente no quería ir hasta el final del pasillo para tomar una ruta alterna. Usted recuerda los comentarios de Franco Tanner acerca de que la gente no tenía tiempo suficiente para *llegar* en quince minutos al vendedor automático de café, mucho menos para tomarse una taza de café.

(R) "Así que no, no considero que arrendar más espacio en este edificio sea una solución permanente al problema de superpoblación."

Con este formato, a usted le será más fácil REÍR y pensar con rapidez. La idea es tener un formato de pensamiento para reunir y exponer sus ideas de una manera concisa con el máximo efecto y recordación.

Un último consejo: Quizás usted quiera evitar la mención de un asunto en particular en sus comentarios preparados con tan buena suerte que el asunto no salga a la superficie en el período de preguntas y respuestas. Pero no cuente con eso. Prepare una respuesta o por lo menos un reconocimiento de cualquier punto de vista opuesto.

☞ **60. Explique cómo y cuándo aceptará preguntas**

¿Cuánto tiempo les concederá a las preguntas? ¿Se tendrán que hacer en el micrófono o se pueden oír desde los asientos? ¿Pedirá que se hagan las preguntas en voz alta o que se sometan por escrito? ¿Quiere que lo interrumpan durante sus comentarios preparados, o prefiere que se guarden las preguntas hasta el final?

Por lo general, es mejor anunciar que pedirá las preguntas al final de su conferencia. Preguntas en medio de su discurso planeado pudieran interrumpir el hilo del pensamiento y le pudiera ser difícil volver a tomar la pista. Las preguntas que interrumpen pudieran interferir también con la asimilación del público del punto que esté tratando en ese momento. Por último, con preguntas que interrumpen, tendrá que ser creativo para hacer una transición fluida entre la respuesta y sus comentarios preparados. Con un "Bien, ¿dónde estaba?" como retorno al bosquejo de su discurso, el que pregunta pudiera tener la sensación de que la pregunta no fue bien aceptada y por consecuencia se sentirá abochornado u hostil hacia usted.

En otras ocasiones, usted pudiera decidir permitir preguntas en medio de sus comentarios preparados; sobre todo si vienen de un jefe, una persona clave en la toma de decisiones, u otro personaje importante en el grupo a quien no quisiera negar una respuesta inmediata. También a veces el discurso es tan técnico que las preguntas demoradas se pudieran olvidar o llegar a ser inexplicables más tarde.

Cualquiera de los dos procedimientos, durante o después del discurso, funcionará, con tal que usted haya premeditado en sus métodos.

☞ 61. Estimule las preguntas del público

No suponga que, como el grupo no hace preguntas, no hay ninguna. Los miembros de un auditorio tienden a guardar silencio por varias razones: No han cambiado de marcha para pasar a la participación activa. Piensan que la pregunta no tiene sentido y que debieron haber entendido la información en la primera mención. También pudieran pensar que su pregunta y la respuesta son de interés limitado y, por lo tanto, no quieren monopolizar el tiempo de otros para su propia clarificación. También se pudieran sentir particularmente ineptos para expresarla. Pudieran no querer correr el riesgo de la hostilidad de los otros con un punto de vista o pregunta controvertidos.

Sin embargo, esas son las tres mayores preocupaciones de usted: que ellos no hayan entendido su discurso lo bastante bien como para tener preguntas. Que no tengan ningún interés del todo en su tema. O que no lo consideren a usted por razones de credibilidad.

Para promover las preguntas, asegúrese de que la expresión corporal indique familiaridad con el público: palmas vueltas para arriba, brazos abiertos, postura alerta, cejas levantadas, una sonrisa, movimiento hacia el público. Todos esos gestos y movimientos muestran que la interacción de ellos es bienvenida.

Extienda una invitación a preguntas con comentarios como: "¿Qué preguntas tienen?" en vez de: "¿Tienen preguntas?" La invitación menos eficaz es mascullar: "¿Hay preguntas?" mientras levanta brevemente la mirada y rápidamente pasa los dedos por sus notas para decir: "Magnífico. Si no hay preguntas, seguiré adelante para que terminemos a tiempo."

Afirmaciones de usted después de las preguntas ("Excelente pregunta", "Gracias por preguntar eso", "Me alegro de que mencionara eso porque . . .") animan también a otros oyentes para que se arriesguen con sus propias preguntas.

Si espera alguna dificultad para generar preguntas, puede distribuir tarjetas al principio o al final de la sesión, pedir a los participantes que escriban sus preguntas y las pasen al frente. De esa manera puede entresacar las mejores. Este procedimiento le da control máximo y flexibilidad mientras responde al público.

También puede generar preguntas con una encuesta de opiniones: "¿Cuántos de ustedes piensan que es factible recaudar esa cantidad de dinero en seis meses? ¿En un año?" Deben levantar la mano después de cada pregunta. "Lisa, usted respondió que sí. ¿Qué la hace pensar de esa manera?" Ese sondeo hace que el grupo se sienta cómodo, fomenta la familiaridad y crea impulso para expresar las opiniones.

Plantee su propia pregunta: "Una pregunta que muchos grupos hacen con frecuencia y que puede ser de interés también para ustedes es . . ." O: "Una pregunta que Pedro Arce planteó en nuestra última reunión pudiera merecer un análisis. Él quería saber si . . ." O: "Un asunto que no mencioné en mis comentarios anteriores es Z, ¿tiene alguno de ustedes una preocupación en particular con respecto a como . . . ?"

O tal vez quiera repetir una pregunta o comentario oído en el receso o al principio: "Antes de la sesión escuché a alguien expresar la idea que . . . ¿Cuántos están de acuerdo?" Esta ayuda de su parte da tiempo al público para considerar las suyas propias y muestra que usted está tomando en serio las preguntas.

Quizá lo más importante de todo: Cuando escucha una pregunta, sea breve en su respuesta. Si usted toma diez minutos para responder a la primera o a la segunda, algunos participantes pudieran temer la oposición de otros menos interesados si hacen otra pregunta que pudiera alargar su discurso media hora más.

62. Repetir o no repetir, he ahí la cuestión

Si el salón es grande las preguntas del público no se pueden oír, seguro que debe repetirlas para que todos las oigan. También pudiera repetir algunas, si no todas, sólo para darse tiempo para pensar.

Pero repetir una pregunta en un grupo pequeño donde todos obviamente la oyeron es redundante y lo hace parecer como un loro.

Y nunca repita las preguntas hostiles porque es difícil hacerlo sin parecer hostil o defensivo usted mismo. El otro peligro es que reforzará el pensamiento negativo del punto de vista opuesto en la mente del público.

☞ 63. Mantenga el control del público

Ponga límites al inicio de la sesión con respecto a la clase de preguntas que aceptará, el número para las que tiene tiempo, y quién responderá a cada una.

"Les ruego que no toquen los temas de X e Y por razones de seguridad." "No entraremos en el asunto de Z debido al litigio pendiente." "Prefiero responder a preguntas en los aspectos de A y B y no C, que la oficina central puede tratar más apropiadamente." Todos esos comentarios hechos al principio establecen la plataforma para su control de lo que ha de seguir.

Entonces cuando alguien hace una pregunta fuera de lugar, usted puede diferir la respuesta a un diálogo en privado durante el receso y no perder el tiempo del grupo o parecer insensible a sus necesidades. También limitará la ocasión para preguntas no relativas a su pericia o experiencia.

Y nadie dice que usted debe responder a todas las preguntas. Si usted considera que una está fuera de lugar, que sea confidencial, personal, improcedente, o de poco interés para el resto del grupo, siempre puede dejarla para más tarde, desviarla, enfrentarla o simplemente posponerla: "Temo que eso esté fuera de mi esfera de experiencia; ¿quisiera alguien más responder?" "Jaime me parece extraño que hagas esa pregunta; ¿no habían resuelto ya tú y Marco ese asunto?" "¿Necesitamos responder en realidad a esa pregunta, o sería más ventajoso concentrarnos en . . . ?"

Por último, tómelas una a la vez y no deje que unos pocos monopolicen: "Henry, ¿puedes esperar un momento? Creo que vi la mano de Jaime primero." O: "Lo siento que no tendremos tiempo para terminar con todas las preguntas de los que han sido tan observadores con pensamientos adicionales. Pero necesitamos terminar esto. Estaré aquí unos minutos más y en mi oficina toda la tarde si alguno quisiera continuar uno a uno."

☞ 64. Escuche la pregunta

Escuchar la pregunta pudiera no ser tan fácil como suena. Si está nervioso, si está censurándose por un error que cometió, si está preocupado con el tiempo, o si se siente amenazado por la expresión corporal de alguien en la sala, es fácil perder el punto de la pregunta que se plantea. No escuchar bien pudiera hacer que usted disponga torpemente de una pregunta que fácilmente pudo haber manejado.

Para mayor complicación, el que pregunta pudiera dar demasiado trasfondo o información fuera de propósito antes de llegar al punto en sí. ¡Y ella pudiera no comprender en realidad la pregunta!

Para evitar dar una respuesta fuera de base, aclare con otra pregunta suya: "Veamos si entiendo su pregunta correctamente. Usted quiere saber si . . ." O: "¿Es su pregunta tal y cual . . . ?" O: "¿Pregunta usted si es posible que . . . ?"

Haga el mayor esfuerzo por comprender la pregunta y no en preparar su respuesta para contradecir o refutar el punto de vista del que preguntó. Por último, muestre que está escuchando con una expresión atenta del cuerpo, tal como inclinarse hacia adelante, la cabeza en actitud de reflexión y contacto visual fijo.

👉 65. Piense antes de responder

Aun cuando una respuesta salte rápidamente en su pensamiento, haga una pausa antes de precipitarse. Con preguntas planteadas con frecuencia, es fácil dar la respuesta hecha cuando, con un poco de premeditación, usted puede personalizar su respuesta, haciéndola incluso más apropiada para el que pregunta.

Para darse todavía más tiempo para pensar, puede usar recursos como quitarse o ponerse los espejuelos, tomar un sorbo de agua, caminar a otro punto de la sala antes de volverse de frente al grupo, o inclinar la cabeza y frotarse la barbilla como si reflexionara sobre la brillantez de la pregunta.

También puede tomar más tiempo para pensar comentando la pregunta misma: "Esa es una pregunta difícil." "Esa es una pregunta perspicaz." "Pensé que alguien preguntaría eso y no sé si daré una respuesta que esté de acuerdo o que satisfaga completamente a todos; pero . . ."

Pudiera decir con sinceridad: "Permítame pensar acerca de eso un momento" y luego repita la pregunta en voz alta para beneficio de usted: "Hum, ¿qué recomendaría yo si . . . ?" Una pausa como esa renovará la atención del público que espera con anhelo la razón que requiera semejante reflexión.

Puede negarse a responder del todo: "No tengo libertad para

responder eso ahora." "Esa pieza del rompecabezas está bajo consideración todavía. Si me permite, responderé a eso más tarde."

☞ 66. Resuma su respuesta brevemente, después extiéndase

El período de preguntas y respuestas no es la ocasión para volver a dar los puntos de su discurso. Cuando le hagan la pregunta, responda con un mensaje de encabezado, después explique con mucha brevedad. Sus oyentes entenderán la explicación mucho mejor dentro del contexto de su respuesta resumida.

Los siguientes son un par de ejemplos de esta técnica: "En una palabra, mi respuesta es positiva. La gerencia conoce el problema y estamos tratando de corregirlo. La semana pasada, por ejemplo . . ." Otro ejemplo de resumir y después extenderse: "No, no creo que sea demasiado caro. Cuesta menos que X e Y. Creo que la primera fase se pude financiar de esta manera . . ."

☞ 67. Dirija las respuestas a todo el público

Comience su respuesta mientras mantiene el contacto visual con el que pregunta, y después de unos segundos vuelva la mirada y pásela por todo el grupo. Dirija el resto de su respuesta a todos y haga sus comentarios lo bastante genéricos como para el interés de ellos también.

Recuerde que no tiene que satisfacer completamente a todos porque algunos no terminarán nunca con sus preguntas de seguimiento. Otros pudieran persistir en exponer sus propios puntos de vista aun cuando ya usted haya dado su respuesta. Tenga presente que no tiene que responder completamente a toda pregunta. Sólo dé su opinión con brevedad, rompa el contacto visual con el que pregunta, y vuélvase a todo el grupo, buscando la siguiente pregunta.

☞ 68. Respondiendo para reforzar sus puntos

"Me alegro de que mencione este asunto porque me da la oportunidad de entrar en detalle acerca de . . ." Cambie la línea de la pregunta con una que usted quiere o necesita responder. También puede volver a enfocar la pregunta a fin de ampliarla o restringirla: "El asunto más importante en que casi toda la industria está interesada es... por lo tanto, permítame que dé la respuesta dentro de un contexto más amplio." O: "Sí, ese es el problema generalizado; pero permítame hacerlo más específico y directo..."

Vaya en cualquiera de las dos direcciones con la pregunta para reforzar lo que usted piensa que es el mensaje esencial de interés.

☞ 69. Cómo tratar las preguntas "problema"

Es inevitable que todo orador público enfrente de cuando en cuando preguntas difíciles de parte de sus oyentes. Las siguientes descripciones de esas preguntas típicas le darán una oportunidad de pulir sus técnicas para manejarlas.

Preguntas para lucirse

Estas se hacen con el único motivo de mostrar el conocimiento del tema o los logros del que pregunta. Reconozca la razón tras la pregunta, luego comente brevemente y siga con la siguiente pregunta. Si esa clase de persona persiste, tal vez usted tenga que hacer un comentario como el siguiente para impedir que monopolice la situación: "No estoy seguro de entender la pregunta completamente. ¿Pudiera ser algo más específico?"

El que pregunta por lo general procura concentrarse en una pregunta que usted puede responder brevemente y usarla para volver a ganar el control.

Preguntas fuera del tema

Si la pregunta es completamente impertinente, usted pude mirar momentáneamente al que pregunta y seguir adelante sin responder del todo, como si no entendiera el punto. Después pregunte si alguien más tiene una preocupación similar. Si es así, responda brevemente. Si no, pida permiso para dejar la pregunta para el final, "si hay tiempo".

O pudiera comentar: "Interesante idea, pero ¿cómo se relaciona eso con Y?" La persona que pregunta generalmente balbucirá que no tiene relación y accederá o hará una pregunta más pertinente.

"Eso es interesante y algo digno de pensarlo más, pero ahora me gustaría dedicar nuestro tiempo a..." generalmente hará que el asunto se detenga allí. O: "No esperaba una pregunta de esa naturaleza en esta sesión. ¿Pudiéramos analizarla más tarde, usted y yo?" La persona que pregunta generalmente se sentirá reforzada por la atención personal ofrecida y usted no perderá el resto del público.

Preguntas de interés limitado

Cuando sea posible, tienda un puente desde la perspectiva limitada al asunto mayor a mano: "Con referencia a su situación específica, mi opinión es que . . . pero el asunto mayor aquí parece ser . . ." Continúe haciendo la aplicación para todo el público.

Pregunte: "¿Tiene alguien más aquí la misma preocupación?" Haga una pausa y mire alrededor, luego continúe: "Bueno, permítame darle una respuesta breve y hablemos de eso más adelante. ¿Creen que sea mejor?"

Después rompa el contacto visual y siga adelante.

Preguntas "desatinadas"

No se aventure a cortar a alguien que hace lo que *parece* una pregunta "desatinada" pero que pudiera ser una muy inteligente después de todo. Más bien la pregunta "desatinada" pudiera ser el resultado de un pensamiento avanzado y complejo que quizá no se le haya ocurrido a usted. La pregunta pudiera ser muy pertinente y usted no entiende la pertinencia por estar limitado en su experiencia. Indague más para ver si entiende completamente: "Temo que no sigo el hilo de la pregunta. ¿Pudiera explicar más exactamente cómo se relaciona X con Y?"

Preguntas deshilvanadas o pedantescas

Usted puede interrumpir con: "Discúlpeme, pero ¿entiendo bien que su pregunta central es . . . ?" O: "Discúlpeme, pero creo que capto su pregunta. Mi respuesta es simplemente que . . ."

Preguntas incoherentes

Si no puede entender la pregunta porque quien la plantea tiene un dialecto difícil de comprender o presenta la pregunta de modo confuso, tome una frase o parte de la pregunta para tratar con ella y componga una pregunta que usted cree que esa persona esté planteando.

Preguntas múltiples

En respuesta a preguntas largas y complejas con información

mezclada fuera del tema, pudiera resultarle difícil recordar todo lo que se preguntó de camino. Cuando este sea el caso, conteste las que recuerde, conteste la última, conteste la más importante, o pida al que pregunta que las repita despacio mientras usted las escribe. Después responda una por una.

Usted puede diferir algunas de ellas con: "Si le entiendo completamente, usted me hizo cuatro muy buenas preguntas. Voy a responder a las primeras dos y regresaré a las otras más tarde si hay tiempo."

Preguntas hipotéticas

Cuídese de no caer en una trampa aquí. Exprese su desacuerdo con suposiciones y dígalo así cuando piense que tales situaciones sean poco probables. Termine con: "Prefiero preocuparme con la realidad presente en la formulación de políticas sobre este asunto. Para la situación actual, todavía considero . . ."

O cambie el enfoque con: "Alberto, tenemos tantas situaciones de la vida real que prefiero darme a los hechos concretos, si no le importa." O: "Hay tantos factores desconocidos y variables en preguntas hipotéticas que sería difícil dar una respuesta significativa a esa preocupación. En el caso de Z ¿es su interés más acerca de . . . ?"

Preguntas que se responden con sí o no

Si puede responder con un simple sí o no, hágalo. Pero si prefiere no ver el asunto en blanco y negro, dígalo también: "Creo que debemos tener cuidado aquí de no quedar acorralados en una esquina con un sí o un no. Cualquiera de las respuestas sencillas pudiera impedirnos ver las circunstancias atenuantes que alterarían . . ." O: "No creo que un simple sí o no haga justicia al asunto." O: "Creo que cometeríamos un error si lo limitamos a términos de sí o no. Hay tantos asuntos que pudieran afectar . . ."

Por último, usted puede extender las opciones: "Creo que tenemos más de dos opciones. En vez de A o B, una tercera posibilidad es . . ."

Preguntas para las que usted no sabe la respuesta

Tal vez prefiera diferir la pregunta a otro en la sala con mayor experiencia en el ramo: "No estoy seguro de poner explicar eso en detalle. Susana, ¿quisieras ofrecer tu experiencia aquí?" Así ganará respeto por su sinceridad y el apoyo de la persona con mayor experiencia a quien pasó la pregunta.

Nunca tema decir simplemente: "No sé. Tendré que buscar esa información y volver para responderla." Y hágalo. Una vez una experta en química de *Mobil Oil* me hizo una pregunta que nunca había considerado en mis diez años de hablar sobre el tema. Le di una respuesta del tipo "yo creo", admití no estar absolutamente segura, y prometí buscar la respuesta y responderla. De regreso en mi oficina de Houston el día siguiente, la llamé por larga distancia con la respuesta. Ella quedó asombrada que yo hubiera cumplido mi promesa. ¿Dañó mi credibilidad mi falta de respuesta? No, que yo sepa. La nueva de mi "minuciosidad" se esparció rápidamente por su división.

Preguntas hostiles

Si espera preguntas hostiles, pida que todos los que tengan preguntas digan su nombre y el de sus compañías, y su título, antes de hacer las preguntas. Algunos lo pensarán dos veces antes de hacer un comentario hostil y arriesgar asociarlo con su compañía. El anonimato es una gran protección.

Trate de determinar la razón de cualquier hostilidad. Reconociendo y solidarizándose con los sentimientos legítimos del que pregunta, pudiera neutralizar la hostilidad y ayudarlo a recibir su respuesta de una manera más afable.

La hostilidad del que pregunta pudiera ser un reflejo de su agenda de trabajo o de su personalidad y pudiera tener muy poco que ver con usted. Deje que el que pregunta desahogue sus emociones y después pase a la siguiente pregunta cuando haya dado una breve declaración de su opinión.

Algunos que preguntan emplean un tono al parecer cortés para expresar una pregunta hostil. Responda con igual cortesía, pero sin sarcasmo.

Puede aún probar un poco de humorismo o drama antes de responder, como ponerse la mano en el corazón como si hubiera recibido un disparo. "Creo que esa me dio aquí." Luego proceda a responder con tanta calma como pueda.

Para preguntas frívolamente hostiles, puede devolverlas a

quien la hizo o a otra persona:" "Sara, ¿quieres tratar de responder a su pregunta? "Marco, me siento incómodo respondiendo a esa pregunta. Quizá quieras decirnos cómo responderías tú si estuvieras en mi lugar."

Si cree que la hostilidad se limita al punto de vista de una persona, puede dejar que el grupo responda por usted: "¿Alguien más de ustedes está de acuerdo con ese punto de vista? ¿Alguien quiere responder?" El silencio será una gran respuesta. O puede añadir la suya en una forma cortés.

No sienta que tiene que refutar el punto de vista opuesto en gran detalle, particularmente si el punto no estaba muy bien fundamentado. Sólo comente: "No, no creo que ese sea el caso." No entre en detalles. Su respuesta se oirá con autoridad y finalidad y pondrá al que pregunta en una posición de ser descortés y argumentativo si la vuelve a hacer.

Si lo puede hacer fácilmente, vuelva a plantear la pregunta menos el tono hostil: La pregunta es: "¿Por qué *exige* usted seis años de experiencia para cualquier trabajo de subcontratación?" Repita la pregunta en voz alta: "¿Por qué pensamos que seis años de experiencia sean necesarios? Bueno, primeramente . . ."

Ante todo, no enfrente la hostilidad con la hostilidad; en vez de eso, trate de mantenerse afable en su respuesta. El público casi siempre tomará el lado de (o por lo menos simpatizará y respetará) la persona que permanece más calmada y más cortés.

"La blanda respuesta quita la ira" (Proverbios 15:1). Recuerde que la manera de responder se recordará siempre con más claridad y por más tiempo que el contenido de su respuesta.

☞ **70. Termine el período de preguntas y respuestas con un resumen**

No deje que su discurso acabe cojeando después de la última pregunta con un "Bueno, si no hay más preguntas, creo que eso es todo, señores." En vez, termine firmemente con una recapitulación de sus puntos principales del mensaje clave. Aquí es cuando debe usar su cierre preparado; esa expresiva y concisa cita o pregunta desafiante que dejará a su público transformado y preparado para actuar. En realidad, algunos oradores preparan dos clausuras: la que termina su charla preparada y que lleva al período de preguntas y respuestas, y la que termina el discurso con gran efecto.

Con suerte, quizá tenga una pregunta que sirva de gran entrada para su cierre preparado. De ser así, úsela como ímpetu para su conclusión y se verá todavía más elocuente y en control.

Quizá la idea de hacer preguntas comenzara mal cuando se nos dijo de niños que nunca hiciéramos preguntas acerca de las decisiones u órdenes de nuestros padres. Y las escuelas a veces fortalecen la idea de que las preguntas desafían negativamente la autoridad de los instructores. Sin duda, todos recordamos al sabelotodo cuyas preguntas eran un reto al orador. O quizás haya visto demasiados dramas de televisión donde el juez instruye al testigo con una voz de trueno: "Responda a la pregunta nada más."

No deje que esas experiencias le impidan dar el mejor discurso posible. Permita preguntas y observe un cambio positivo en el estado de ánimo, el interés y la expresión corporal del público. Las preguntas aclaran, personalizan y refuerzan sus puntos clave. Para sus oyentes, éstas son su declaración de familiaridad, sinceridad, cortesía y buena voluntad.

Cómo controlar el ambiente

Si algo tiene la posibilidad de salir mal, así será. Por eso un buen discurso comienza mucho antes que llegue el público. Usted como orador no puede depender de nadie más que usted mismo para revisar el salón, el equipo y la atmósfera completa a tiempo para impedir problemas.

En un centro de convenciones de Nueva York yo daba una conferencia en la que mis medios visuales jugaban un papel muy importante. Veinte minutos de haber comenzado la sesión, hubo una interrupción del fluido eléctrico y quedamos sumidos en la oscuridad total durante media hora.

En otra ocasión llegué al salón asignado en el Centro de Convenciones de Dallas y encontré que teníamos más gente que espacio y sillas. La mitad de mis oyentes tuvo que soportar toda una sesión de noventa minutos sentados en el piso en los pasillos, en la parte de atrás del salón, detrás de mesas de exhibición, a mis pies y debajo y atrás de la pantalla de proyección.

Llegué a la oficina de un cliente una hora temprano para proceder con los preparativos y encontré que ya había empezado otra reunión en el mismo salón de conferencias, programada para terminar en el momento exacto que la mía debía comenzar. Tuve exactamente sesenta segundos para que ese grupo saliera, para desempacar mi maleta de catálogos, encontrar y preparar el proyector y la pantalla, localizar y traer la grabadora de videos del tercer piso, y distribuir las hojas sueltas y las tarjetas de nombres.

En otra sesión con un cliente, llegué una hora temprano para hacer preparativos sólo para encontrarme con otra llegada temprana; alguien que estaba muy enojado con su jefe por haberle dado el tiempo de comienzo incorrecto. Él había garabateado una obscenidad en la pizarra del salón y me molestaba pidiendo que adivinara su significado.

Algunas meteduras de pata fueron de mi propia hechura.

Hablaba en una reunión de financistas sumamente estrictos: un jefe del ejecutivo de un sistema bancario internacional, el presidente y doce vicepresidentes; y derramé un vaso de refresco que alguien había puesto en la mesa donde tenía mis materiales. Diez minutos después de haber comenzado mi discurso, con un amplio y espontáneo gesto, dejé caer el refresco en el piso, salpicándome yo y todos mis materiales. Me quedé helada observando el charco en la opulenta alfombra de su salón ejecutivo.

Algunas intervenciones inoportunas resultaron ser chistosas; por lo menos para el público. En IBM frente a una reunión de vendedores amistosos, estaba llamando la atención sobre el punto que el estilo de redacción en los negocios es mucho menos formal ahora que en décadas pasadas.

— Por ejemplo — decía yo —, cuando usted es presentado a otra persona, rara vez responde: '¿Cómo está usted?' En vez de eso, usted dice algo como: 'Hola', o "Muchísimo gusto en conocerlo."

Entusiasmada con la lucidez de mi analogía, continué:

— Y ¿cuándo fue la última vez que su familia se vistió formalmente para cenar juntos en casa? Sé que nuestra familia no se viste con ropa especial.

Un vendedor levantó la mano y dijo:

— ¿Podemos ir?

El público estalló en carcajadas dejándome sin habla. Alguien en la fila delantera tuvo que explicarme lo que había dicho y lo que quise decir.

Podía continuar. Las cosas que pueden salir mal son interminables:

- El cordón del equipo de medios audiovisuales no llega al tomacorriente.
- El cordón de extensión tiene un enchufe de tres puntas y el tomacorriente es para dos puntas.
- El interruptor de encender/apagar del proyector tiene un cortocircuito.
- El caballete del gráfico es demasiado alto para alcanzar.
- Al cuaderno para los gráficos le quedan sólo dos páginas.
- La pantalla está inclinada de manera que parece que las ayudas visuales fueron hechas por alguien acostado.

- No hay mesa para poner los materiales.
- Hay carpinteros en el cuarto contiguo derribando la pared de en medio.
- Hay provocadores marchando en el pasillo, hostigando a los asistentes.
- No se puede llegar a los baños en menos de una rápida caminata de veinte minutos.
- El salón es para quinientas personas y usted espera quince.
- El salón es para quince y usted espera quinientas.
- La alfombra huele a insecticida y la señora que está en la fila delantera amenaza con una demanda legal.
- La iluminación centellea, produciendo jaquecas a las personas sentadas en el centro del salón.

Y sí, en las situaciones que mencioné, yo había verificado ya con el planificador de la reunión para que el salón de conferencias estuviera vacío, que el hotel tuviera proyectores adicionales, y que hubiera suficiente espacio y sillas para el público.

Pero parece que a veces hay malentendidos. En otras ocasiones, el planificador de la reunión le da toda clase de seguridades sólo para que usted no se preocupe y cuelgue el teléfono.

Recuerde simplemente que si sus oyentes están incómodos, si los medios visuales no se pueden ver, si el proyector tiene un cortocircuito, si el aire huele mal, usted es en definitiva el responsable. No es de buen gusto culpar al planificador, al patrocinador o a nadie más. El público lo culpará a usted por no cuidar de los detalles.

La respuesta a esos dilemas está en la planificación minuciosa de antemano. ¿Por qué el esfuerzo? El ambiente puede realzar o disminuir el efecto del mensaje.

De igual manera, usted debe tener una lista de verificación para los arreglos del salón y el equipo, y verifique cada uno y todos los artículos en su lista.

☞ 71. Lista de verificación de la sala y del equipo

Persona encargada a llamar para resolver problemas: _____

SALÓN:

Arreglos: ¿Estilo de aula? ¿filas, mesas? ¿en forma de U?

¿Tamaño y capacidad sentados?

¿Colocación de la mesa del conferenciante?

¿Atril o tarima?

¿Iluminación y controles?

¿Distracciones de ventana?

¿Decoración de paredes interfiriendo con medios visuales o actividades?

¿Control de temperatura?

¿Sacapuntas de lápiz?

¿Reloj?

¿Colocación de tomacorrientes?

¿Tomacorrientes de dos o tres puntas?

¿Jarra y vasos de agua?

¿Asientos puestos para que no haya obstrucción de visión?

INSTALACIONES:

¿Señalamiento para los asistentes que llegan?

¿Arreglos para el estacionamiento?

¿Costos?

¿Requisitos de seguridad?

¿Entradas abiertas?

¿Ubicación de los baños?

¿Fuentes de agua?

¿Vendedores automáticos?

¿Zonas de bocadillos?

¿Colgadores de chaquetas?

¿Zonas de fumar?

¿Máquinas copiadoras?

¿Intercomunicadores? ¿Teléfonos para llamadas externas?

¿Ubicación de escaleras o elevadores?

¿Alarma de incendio/procedimientos/simulacro de incendio planeado?

EQUIPO:

Micrófono:

¿Micrófono de corbata funcionando?

¿Cordón de extensión para movimientos?

¿Nivel del sonido?

¿Reservas?

¿Se grabará?

¿Algún ruido ligero como joyas golpeando contra el micrófono?

Gráficos:

¿Altura correcta?

¿Suficiente papel?

¿Marcadores? ¿Secos? ¿Colores correctos?

Pizarras:

¿Altura correcta?

¿Superficie limpia?

¿Marcadores? ¿Secos? ¿Colores correctos? ¿Para borrar o permanentes?

¿Borradores?

¿Solución para limpar?

Retroproyector:
¿Bombilla de repuesto?
¿Botones de enfoque funcionando?
¿Cordón de extensión?
¿Superficie limpia?
¿Puntero cerca?
¿Espacio para transparencias cerca?

Proyector de diapositivas:
¿Bombilla de repuesto
¿Botones de enfoque funcionando?
¿Bandeja puesta en la primera diapositiva?
¿Orden de diapositivas?
¿Operador del proyector?

Proyector de películas:
¿Bombilla nueva?
¿Enfocado para llenar la pantalla?
¿Funciona el sonido?
¿Película bien montada?
¿Película en el marco del título?
¿Funciona el control remoto?
¿Operador del proyector?

Grabadora de videos:
¿Tamaño del cartucho?
¿Puesto para comenzar en el lugar apropiado?
¿Funciona el botón de reposición?
¿Está en el canal de televisión apropiado para el acceso?
¿Nivel de volumen?

¿Funciona el control remoto?
¿Interferencia externa?
Pantallas:
¿Patas firmes y sólidas?
¿Colocadas para proyectar medios visuales al tamaño apropiado?
¿Color de trasfondo fácil de reflejar?
¿Puntero cerca?
¿Visibles a todos los asistentes?

Provisiones:
¿Cuadernos de notas?
¿Lápices y plumas o marcadores de punta de fieltro?
¿Transparencias vírgenes?
¿Tarjetas de identificación? (¿Tamaño para leerse a distancia?)
¿Distintivos?
¿Hojas de asistencia?
¿Agenda o bosquejo de la sesión?
¿Hojas sueltas, hojas de pedidos?
¿Lista de libros de referencia?
¿Objetos de demostración?
¿Cinta adhesiva para papel?
¿Alfileres o tachuelas?
¿Cinta adhesiva para fijar cordones eléctricos al piso?
¿Ligas elásticas?
¿Sujetapapeles?
¿Fichas?
¿Reloj para el conferenciante?
¿Medios visuales para el conferenciante?
¿Cordones de extensión?

Los recuerdos de desastres y casi desastres generaron la mayoría de los artículos en esta lista de verificación. Si los detalles le parecen demasiado para que usted se ocupe de ellos, consiga ayuda. Lleve un amigo con usted, o trabaje de cerca con el planificador de la reunión para prever toda posible falla.

☞ 72. Distracciones en el ambiente

La anterior lista de verificación lo faculta para localizar fallas antes de la hora de la reunión. Sin embargo, hay todavía otros problemas potenciales para los que usted debe estar preparado; sorpresas que pudieran presentarse.

Cortes eléctricos o ruidos externos

Si ocurren desastres sobre los que no tenga control absoluto o aviso, tales como cortes eléctricos o equipos que no funcionan bien, simplemente detenga el discurso y localice a alguien que pueda ayudarle.

Si la distracción es un ruido externo, pida un receso y vea si puede tratar con eso. Si no puede, haga un chiste del asunto y continúe. Referirse continuamente al ruido y mostrar irritación aumenta la distracción. Si usted no le presta atención, sus oyentes por lo general seguirán su ejemplo.

Provocadores

Por lo general, si hay provocadores que causan una verdadera distracción, se ganarán la hostilidad del grupo y provocarán la simpatía hacia usted. No les haga caso si no son inoportunos. Si se ganan la atención del público, hábleles directamente y hágales ver que otros fueron a oír su punto de vista. Recuerde que usted controla el micrófono.

Si usted espera un público hostil o provocadores externos, pida a los asistentes que den sus nombres y los nombres de la compañía al comienzo del discurso. Con su anonimato al descubierto, con frecuencia titubearán en demostrar su hostilidad abiertamente.

Otra manera de controlar a los provocadores es moverse físicamente más cerca de ellos; ¡aunque su tendencia sea hacer todo lo opuesto! Establecer el contacto visual directo, acercarse a ellos, y preguntar cortésmente por qué no están de acuerdo con los puntos de vista de su discurso, neutralizará un poco su hostilidad. Por lo menos, su enfoque sincero reducirá la probabilidad de que sean rudos con usted personalmente; aunque nunca consideren cambiar de opinión.

Conversaciones secundarias

Las conversaciones secundarias presentan otro reto. Los miembros de su auditorio pudieran hablarse uno al otro por muchas razones. Alguien llegó tarde y pregunta a su vecino lo que pasa. El discurso no les interesa. El grupo cansado necesita un descanso. El que habla no está de acuerdo con su punto y quiere que otros lo sepan.

Si puede determinar las razones de las conversaciones secundarias, usted las podrá manejar más apropiadamente. Si alguien necesita una explicación y la conversación parece estar por terminar, trate de no hacer caso a la distracción. Si el que habla quiere expresar un punto de vista opuesto, ofrezca esa oportunidad o por lo menos reconozca su posición: "Sé que algunos de ustedes tienen ideas y experiencias que dicen lo contrario, y con gusto dejaré que las expresen al final de mi conferencia."

Si el grupo necesita un descanso, déle uno.

Si el tema no es interesante, cambie su plan de acción y busque mayor participación del público. Tome una encuesta de opiniones sobre su punto en curso.

Si dos personas están poniéndose al día simplemente de los chismes de la corporación o sólo disfrutan de la compañía del otro, camine en dirección a ellos mientras usted habla. Todos los ojos lo seguirán mientras se mueve, y los que hablan sentirán que son el foco de atención. Generalmente esta expresión corporal y cambio de posición detendrá este tipo de conversaciones.

Los que llegan tarde

Llegan tarde al inicio y regresan tarde de los descansos. Nunca detenga su discurso para poner al día al que llega tarde; así perderá al resto del grupo. Comience siempre a tiempo, y deje que los que lleguen tarde aprendan de otros lo que perdieron. Y cuando da un descanso, anuncie el tiempo para volver a comenzar y señale al reloj de la pared. Así recordarán mejor la hora.

Además, trate de darles algo que esperen de inmediato después del descanso. Por ejemplo, un descanso planeado estratégicamente le permitirá tomar una encuesta de opiniones antes de tomarlo y anunciar e interpretar los resultados inmediatamente después.

Por otra parte, quizá decida pesar las opciones y no mantener el principio de comenzar a tiempo para que quien está a cargo de tomar decisiones, y que todavía está fuera del salón, no pierda un punto importante. Una buena técnica para estar en "ambos lados de la cerca" es comenzar la sesión a tiempo pero usar al inicio algún tipo de relleno (como caricaturas o una historia humorística relacionada con su punto) para que los que llegan tarde estén en el salón para oír su "verdadera" apertura.

Público fuera de control

La causa pudiera ser un incidente raro. En una gran reunión en el auditorio de la Universidad de Baylor, una joven que traía un mensaje entró por entre las cortinas a un lado del escenario y sigilosamente se dirigió con una nota hacia uno de los oradores sentado directamente detrás del orador. La mensajera tocó suavemente el hombro del orador sentado, el que, sorprendido, saltó de la silla con un fuerte grito. El público rompió a reír a carcajadas y el orador se detuvo abruptamente, asombrado de que su colega hubiera saltado repentinamente de su silla con un grito.

Sobra decir que después de tales incidentes o cortes de electricidad o lo que sea, usted tiene que dejar que el ambiente se despeje antes que pueda volver a ganar el control del grupo. Después que se haya calmado la risa, o la bulla, o que el problema se haya corregido, comience otra vez en una de varias maneras: Cuente una experiencia personal o un chiste relacionado con lo que acaba de pasar. O simplemente reconozca la interrupción y comience de nuevo. Si ha olvidado dónde estaba, pregúnteles a los oyentes. Ellos le mostrarán su simpatía y le harán el favor. Recapitule los puntos principales hasta la interrupción y continúe.

Lo que usted no puede cambiar

Es obvio que, a menos que usted sea el presidente de su nación, las cosas se saldrán fuera de control de cuando en cuando, o no tendrá el tiempo, la ayuda, la libertad o la inclinación de cambiarlas. Hablemos, pues, acerca de trabajar en condiciones menos que deseables.

Si el salón es demasiado grande para sus oyentes, y ellos están esparcidos por todas partes, pídales que se acerquen más moviéndose hacia adelante. La proximidad entre ellos hará más fácil generar entusiasmo y mantener el contacto visual.

No importa el tamaño del salón y la manera en que esté arreglado, mueva el equipo y los muebles para que haya pasillos de salida. La gente que se siente atrapada durante su discurso tiende a resistirlo más a usted y a los demás, hasta la hostilidad. Generalmente, un arreglo más amplio con sólo una fila o dos es preferible a varias filas angostas. Cuánto más ancho mejor para estimular el debate.

Asegúrese de llegar lo suficientemente temprano como para encontrar la solución de problemas potenciales y hacer los ajustes necesarios en sus planes.

Distracciones que usted mismo causa

El comediante Esteban Allen relata esta anécdota sobre algo que le sucedió. Una vez dio una charla mientras sufría de un fuerte resfriado. En cierto punto estaba con tanta mucosidad nasal que tuvo que detener su discurso: "Señoras y señores, perdónenme. Estoy sufriendo de un resfrío muy fuerte y, aunque parezca increíble, tengo que detenerme para sonarme la nariz. ¿Me disculpan?" Él lo hizo y ellos lo hicieron.

Algunas distracciones no se pueden evitar. Una vez se me cayó todo un juego de 172 transparencias cuando la mesa del proyector perdió una pata.

Pero algunas distracciones pueden y deben evitarse: palabras mal deletreadas en sus medios visuales, un proyector fuera de foco, mascullar cuando pierde notas y diapositivas, vasos de refresco puestos en lugares peligrosos.

Cualquiera que sea la distracción, previsible o no, recuerde que el público tiende a perdonarlo y a pasarlo por alto. Las metidas de pata les recuerda que usted es humano, tiene debilidades, se inquieta, comete errores, y pasa por circunstancias difíciles, todo lo cual lo hacen verse como ellos.

Ellos seguirán su ejemplo acerca de cómo reaccionar a las distracciones. Si usted trata el incidente como un gran revés, el grupo enfocará en eso y se fastidiará con usted o las circunstancias hasta el punto de empequeñecer sus ideas.

Por otra parte, si se disculpa, quita importancia a la distracción, recobra su serenidad y cuanto antes corrige el problema, el público volverá su atención rápidamente a su discurso.

Las distracciones ocurrirán; las que usted puede y las que no puede controlar. Haga todo lo posible para preverlas y reducir su potencialidad. Después relájese y tome las sorpresas entre manos. ¿Quién dijo que hablar en público no podía ser una aventura?

Epílogo

ASÍ QUE AHORA SIGUE USTED

"Su discurso cambió mi vida. No volveré a ser la misma persona gracias a usted."

"Sus comentarios dieron en el blanco; comparto sus valores totalmente."

"Su charla fue tan conmovedora que la gente lloraba. Estaba cautivada."

"Poderosamente persuasivo. Estoy preparado para firmar en la línea."

"Por la manera en que habla usted, creo que tenemos que ponerlo en un puesto más visible en la compañía. ¿Qué le parece un título nuevo de _____ con un aumento de salario?"

Visualícese como que recibe esos comentarios de un público agradecido. Esos comentarios harán que valga la pena toda la preparación y el nerviosismo antes de hablar. Hay pocas cosas que den mayor satisfacción en la vida que saber que usted ha influido en otros con su manera de pensar; sea para comprar un producto o cambiar el curso de su vida.

Sí, usted puede hacerlo. La mayoría silenciosa ha guardado silencio demasiado tiempo. Ahora que tiene todos los detalles y todas las técnicas ¡hable con confianza!

Nos agradaría recibir noticias suyas.
Por favor, envíe sus comentarios sobre este libro
a la dirección que aparece a continuación.
Muchas gracias.

Vida@zondervan.com
www.editorialvida.com

Printed in the USA
CPSIA information can be obtained
at www.ICGtesting.com
LVHW051536210724
785408LV00010B/167

9 780829 718447